GEDANKEN

Meinem Vater Hermann Becker

GEDANKEN

Über den Kosmos, die Natur und das Leben, über Tiere, Menschen und Götter

Klaus Becker

INHALT

VORWORT

Liebe Leserin, lieber Leser, das Ihnen vorliegende Buch enthält Gedanken, die sich um unsere Welt, den Kosmos, um Natur und Umwelt, um das Leben, um unsere Mitkreaturen auf diesem Planeten, um die Menschenwelt und um unsere Götter drehen. Es handelt sich gewissermaßen um die verdichtete Vorwegnahme meines Buches „WELTSICHT" mit dem Untertitel „Über den Kosmos, die Natur und das Leben, über Tiere, Menschen und Götter". Jedem Kapitel dieses geplanten Werkes habe ich wesentliche Gedanken entnommen, sie teilweise zusammengefasst, pointiert und mit eigenen und bekannten Aphorismen garniert. Auf diese Weise entstand die Arbeit, deren Vorwort Sie gerade lesen.

Lassen sie mich ein paar Worte zur Motivation und zur Entstehungsgeschichte dieser Arbeit sagen. Schon als Schüler habe ich mich für kosmologische Themen interessiert und war begeistert von den Büchern des Wissenschaftsautors Hoimar von Ditfurth. „Am Anfang war der Wasserstoff" und „Der Geist fiel nicht vom Himmel", um nur diese beiden Titel zu nennen, habe ich seinerzeit verschlungen. Da ich mir ein Studium der Physik seinerzeit nicht zutraute, habe ich mich mit der Mathematik und der profanen Betriebswirtschaftslehre begnügt und bin nach dem Studium in die Datenverarbeitung gegangen. Ich war nicht ganz 20 Jahre Leiter eines Rechenzentrums. Zeit für mein Steckenpferd hatte ich in diesen Jahren nicht. Im Trubel der Bits hatte ich es sogar gänzlich aus den Augen verloren und erst wieder entdeckt, als ich zur Ruhe gekommen war. Im Zuge dieser Wieder- und dann auch Neuentdeckung habe ich mich im Selbststudium mit einigen wenigen speziellen Themen der Kosmologie vertraut gemacht. In diesem Zuge habe ich Arbeiten über die Expansion des Universums und das Standardmodell der Kosmologie veröffentlicht. Mit diesen, so war zumindest meine Absicht, wollte ich die Lücke schließen, die meines Erachtens zwischen der allgemeinverständlichen und der wissenschaftlichen Literatur klafft.

Nun ist es von Fragen über die Entstehung, die Entwicklung und die Zukunft des Universums bis zu Fragen über unsere eigene Herkunft, über unsere eigene Existenz, das menschliche Zusammenleben, über unser Verhältnis zur Natur und zur Tierwelt, über den Sinn des Lebens und über die Frage nach einem Leben nach dem Leben, nicht allzu weit. Die Gesamtheit der auf Wissen, Erfahrung und Empfinden basierenden persönlichen Sichten und Antworten auf diese Fragen, nenne ich Weltsicht. Wie eingangs gesagt, enthält das vorliegende Buch eine verdichtete Fassung meiner Weltsicht.

Im ersten Teil der Arbeit beschäftige ich mich mit der natürlichen Welt, dem

Kosmos, mit Natur und Umwelt, dem Leben, der Tierwelt und schließlich mit der Welt der Menschen und im zweiten Teil mit der übernatürlichen Welt. Dabei beziehe ich mich vorrangig auf die christlichen Vorstellungen und Wertvorstellungen der westlichen Welt. Dies hat nicht zuletzt damit zu tun, dass ich in einer katholischen Umgebung aufgewachsen bin.

Ich wünsche Ihnen viel Freude beim Lesen.

Oberwesel, im Januar 2019.

DIE NATÜRLICHE WELT

Der Kosmos

Obgleich die Kosmologie im letzten Jahrhundert und in den ersten Jahren dieses Jahrhunderts enorme Fortschritte gemacht hat, ist unsere Vorstellung vom Universum, wie es die Urknallkosmologie beschreibt, durch zwei Begriffe belastet, die Dunkle Materie und die Dunkle Energie. Das Wort „dunkel" steht hier quasi stellvertretend für eine uns noch weitgehend unbekannte Welt. Die Dunkle Materie wird postuliert, um die in der gegenwärtigen kosmischen Epoche beobachteten Materieansammlungen in Form von Galaxien und Galaxienhaufen und die gleichzeitig extreme Gleichförmigkeit der kosmischen Hintergrundstrahlung erklären zu können. Der aus dem Urknall resultierende Strahlungsdruck hätte, der geltenden Physik folgend, das Entstehen dieser Strukturen nämlich verhindern müssen, wenn nur die uns bekannte „leuchtende" Materie existieren würde. Die Dunkle Energie wiederum wird verantwortlich gemacht für die repulsive Kraft, die der Schwerkraft entgegenwirkt, sie seit einigen Milliarden Jahren sogar übertrifft und so die beschleunigte Expansion des Universums vorantreibt. Zur Erklärung der Dunklen Energie gibt es im Gegensatz zur Dunklen Materie nicht einmal eine physikalisch-theoretische Grundlage. Beide zusammen, Dunkle Materie und Dunkle Energie, müssten 96 Prozent des Energiehaushalts unseres Universums ausmachen. Insofern scheint uns das Bild, das die moderne Kosmologie von unserem Universum zeichnet, trotz der enormen Fortschritte noch immer relativ dunkel zu sein. Das Universum ist noch für viele Überraschungen gut. Im Grundsatz wissen wir nichts, wir glauben nur zu wissen. Insofern sind wir zweifellos Gläubige.

Der Kosmos ist menschenblind.

Manch einer glaubt, das Universum existiere der Menschen und die Spiegel der Rehe der Jäger wegen.

Stellen wir uns vor, unser Planet wäre urplötzlich nicht mehr da, von einem verirrten Himmelskörper zerschmettert oder aus der Bahn geworfen und in den Weltraum gestoßen, von seinem ärgsten Feind, dem Menschen, zerstört oder von seinem Schöpfer seiner schlechten Entwicklung wegen aufgegeben. Das Universum würde den Verlust wahrscheinlich gar nicht bemerken. Allenfalls unser Sonnensystem käme ein wenig ins Trudeln. Das Universum würde weiter expandieren und unerbittlich seinem Kältetod zustreben, wenn sie denn richtig ist, die Theorie von der ewigen Expansion. Unsere Erde bedeutet dem Universum nichts. Die Erde ist aus Sicht des Universums ein unbedeutendes

Staubkorn, aber ein bedeutender Ort für die Menschheit.

„Vom Orbit aus konnte ich sehen, wie Raketen flogen und Bomben explodierten", erzählt der deutsche Astronaut Alexander Gerst. „Mir war klar: Mit jedem Lichtblitz sterben dort unten Menschen. Dabei kam mir ein verstörender Gedanke: Wenn irgendwann einmal außerirdische Besucher unseren Planeten ansteuern würden, dann wäre das Erste, was sie von der menschlichen Zivilisation mitbekämen, dass wir uns gegenseitig bekriegen. Sie müssten uns für primitive Barbaren halten, die noch dazu ihren eigenen Lebensraum zerstören. Wie sollten wir ihnen das erklären? Wir haben uns leider daran gewöhnt, Kriege normal zu finden, weil es immer irgendwo auf der Welt welche gibt. Von außen betrachtet erscheint das jedoch überhaupt nicht normal."

In leichter Abwandlung zu Gersts Erkenntnissen: Im Fernsehen können wir sehen, wie Raketen fliegen und Bomben explodieren. Uns ist klar: Mit jedem Lichtblitz sterben Menschen. Dabei kommt uns ein verstörender Gedanke: Wenn der Allmächtige irgendwann von der Reise durch seine Milliarden Galaxien, Sonnen und Planeten wieder einmal unsere Erde ansteuern würde, dann wäre das Erste, was er von der menschlichen Zivilisation mitbekäme, dass wir uns gegenseitig bekriegen. Er müsste ob unseres primitiven, barbarischen Verhaltens sehr enttäuscht sein von uns, die wir auch noch den von ihm geschaffenen Lebensraum zerstören. Wie sollten wir ihm das erklären? Es wird ihm nichts anderes übrig bleiben, als einen Restart durchzuführen und uns erneut eine große Flut zu schicken.

Die Natur also ist menschenblind. Sie nimmt keine Rücksicht auf unsere Spezies. Wenn sich die Menschheit nicht irgendwann selbst vernichten wird, so wird sie von den Kräften vernichtet werden, die sie haben entstehen lassen. Es ist richtig, dass noch viel Zeit ins Land gehen kann, bis es so weit ist. Aber darum geht es nicht, es geht um die Einsicht in diese unumstößliche Wahrheit unserer Existenz.

„Ich habe an mir selbst festgestellt", so Alexander Gerst weiter, „nach ein paar Tagen außerhalb unseres Planeten sind wir nicht mehr Deutsche, Europäer, Russen, Chinesen oder Amerikaner, sondern wir sind schlicht und einfach Erdbewohner … Ich bin mir sicher, dass die Perspektive, unsere Heimat aus den Augen zu verlieren, für uns Menschen sehr heilsam sein wird." Wir indessen sind uns sicher, das ist Wunschdenken unseres leicht euphorisierten Raumfahrers. Seit die ISS im Oktober 2000 mit Besatzungen unterschiedlicher Nationalität und unterschiedlichen Geschlechts in Betrieb gegangen ist, hat sich unserer Wahrnehmung nach die Stabilität des Zusammenlebens der internationalen Gemeinschaft geändert, nicht verbessert.

Das Ziel des Unternehmers Elon Musk ist es, die Menschheit zu einer multiplanetaren Spezies zu machen. Eigentlich erstaunlich, wo sie doch als uniplanetare kaum zurechtkommt.

Der eigentliche Sinn all dieser immensen Anstrengungen, um Menschen auf den Mars zu schicken, hat sich uns trotz eingehender Recherche nicht erschlossen. Die Forscher erhoffen sich von bemannten Marsflügen Erkenntnisse über Möglichkeiten des Lebens außerhalb der Erde, hört und liest man. Das primäre Ziel wäre demnach ein Leben auf anderen Planeten, und die Marsflüge und gegebenenfalls Aufenthalte dort wären gewissermaßen das Sprungbrett? Tatsächlich kann ein Leben auf dem Mars unmöglich erstrebenswert sein. Es ist nicht anzunehmen, dass es sich auf dem Mars jemals besser leben lässt als auf der Erde, selbst bei noch so schlechter Prognose für unseren Planeten. Es sei denn, der Mensch hilft nach. Terraforming ist das Stichwort. Terrareforming unseres Planeten wäre vielleicht auch eine Möglichkeit und gleichzeitig unsere Empfehlung. Dafür gibt es aber keinerlei Anzeichen.

Ein überraschender, unerwarteter Untergang der Erde, beispielsweise ein Zerbersten des Planeten infolge eines Zusammenpralls mit einem anderen Himmelskörper, würde mit hoher Wahrscheinlichkeit auch unsere Nachbarplaneten in Mitleidenschaft ziehen. Selbst denen von uns, die schon „oben" wären, ginge es höchstwahrscheinlich an den Kragen.

Ein eher langsames Auswandern auf Exoplaneten, sollte das das primäre Ziel sein? Es ist zurzeit kaum vorstellbar, es jemals erreichen zu können. Halten wir uns vor Augen, dass der unserem Sonnensystem nächstgelegene Stern, Proxima Centauri, etwa 4,2 Lichtjahre von uns entfernt ist. Mehr als vier Jahre wären wir also unterwegs, wenn wir mit Lichtgeschwindigkeit gen Proxima Centauri fliegen könnten – freilich können wir es nicht einmal annähernd –, und dann wäre noch immer offen, ob Proxima Planeten um sich versammelt hat, auf denen wir landen und leben könnten, auch wenn der im Jahr 2016 entdeckte erste Planet Proxima Centauri b ein potenzieller Kandidat sein könnte.

Professor Johann-Dietrich Wörner, Chef der europäischen Raumfahrtorganisation Esa, ist überzeugt: „Der Mensch wird zum Mars fliegen, ganz klar." Er sagt aber auch: „… selbst wenn wir es schaffen, die Erde in den nächsten Milliarden Jahren bewohnbar zu halten, könnten wir dann durch die Entwicklung der Sonne zum Auswandern gezwungen sein." Okay, das ist noch lange hin. Wir halten es für extrem unwahrscheinlich, dass die Menschen es schaffen, die Erde noch so lange für sich bewohnbar zu halten, unabhängig davon, wie groß ihr Einfluss darauf überhaupt ist, und wir halten es für mindestens genauso unwahrscheinlich, dem einstigen Untergang der Sonne entkommen zu können.

Auf dem Mars wären wir jedenfalls nicht sicherer davor als hier. Das weiß natürlich auch der leicht euphorisierte Professor.

Da halten wir es noch für wahrscheinlicher, dass Superreiche versuchen, sich davonzumachen und sich dem Elend dieses Planeten, das augenscheinlich kommen wird, zu entziehen.

Gerade erst haben es zwei junge deutsche Frauen unter ursprünglich 400 Bewerberinnen geschafft, die Ausbildung zur Astronautin anzutreten. Eine von den beiden soll als erste Deutsche zur ISS katapultiert werden. Um festzustellen, wie zerbrechlich unser blauer Planet ist, benötigen wir allerdings keinen Aufenthalt in der ISS. Wir müssten nur unsere Gehirne bemühen.

Natur und Umwelt

Wir müssen feststellen, dass wir in einem gleichermaßen komplexen wie zerbrechlichen System leben, das wahrscheinlich noch viele Überraschungen bereithält und das wir vor allem nicht beherrschen und nicht kontrollieren können.

Bis der Mensch aufkreuzte, schien alles gut auf dem Planeten.

Unser weltweit zunehmender Energiehunger als Folge der Urbarmachung des Planeten, der Industrialisierung und des Strebens nach Wohlstand ist eine der Ursachen für viele Übel dieser Welt. Gepaart mit der hoch egoistischen Anlage der menschlichen Spezies musste diese Entwicklung zu dem Zustand führen, unter dem der Planet heute leidet und zunehmend leiden wird.

Wenn wir unsere Gehirne bemühten, kämen wir zu der Einsicht, dass der Schutz unserer Umwelt unser aller Ziel sein sollte.

Wenn wir unsere Gehirne bemühten, kämen wir ebenso zu der Einsicht, dass die Reinhaltung unserer Atemluft unser aller Ziel sein sollte.

Der Klimawandel

Unser Planet hat, wie wir wissen, Fieber. Das können wir messen. Ob die Wadenwickel, die man ihm zu verpassen versprochen hat, reichen werden, um das Fieber zu senken, steht in den Sternen.

Vor etwa 2,7 Millionen Jahren begann die Vergletscherung des Nordpols. Diese Epoche gilt als Beginn der Eiszeit, in der sich unser Planet bis heute befindet und in der unsere Klimaforscher zu ergründen versuchen, weshalb um Gottes Willen der Planet offensichtlich unaufhaltsam und ziemlich schnell wärmer wird. Dummerweise ist dieses Unterfangen keine konzertierte Aktion der besten Köpfe, sondern eher ein Streit zwischen eifersüchtigen, rechthaberischen und anerkennungssüchtigen Wissenschaftlern, gierigen Geschäftemachern, eitlen Politikern und auflagen- und quotengesteuerten Medien. Alle redlichen und nicht korrumpierten Wissenschaftler – und wir denken, das ist immer noch die Mehrheit –, natürlich auch alle ehrlich besorgten Politiker, Journalisten und ehrbaren Geschäftsleute sind davon ausgenommen. Wir streichen sie von der Liste der „Schlechten".

Die Bodeninstabilität infolge der Erderwärmung hat auch ganz profane Folgen. Beispielsweise, so heißt es, werde es problematischer, Seilbahnmasten zu installieren. Sie müssten zukünftig zusätzlich gesichert werden. Ein tatsächlich weltbewegendes Problem, wie wir meinen. Alternativ könnte man auf Seilbahnen verzichten, zumindest auf solche, die ausschließlich dem Vergnügen unserer Spezies dienen. Wir denken aber, dass schon dieser kleine Verzicht sehr schwer werden wird. Unabhängig von dieser Lappalie, die Erderwärmung wird tatsächlich profanes Geld kosten. Und das nicht nur im Zusammenhang mit Seilbahnen.

Es gibt Stimmen, die einen wie auch immer gearteten Treibhauseffekt für ausgemachten Blödsinn halten. Eine davon ist der amtierende US-Präsident. Bereits gewählt, aber noch nicht im Amt, sagte er: „Dieses Konzept der Erderwärmung haben sich die Chinesen ausgedacht, um die US-Industrie als Konkurrenz abzuhängen". Wir denken, das Konzept des 45. Präsidenten der Vereinigten Staaten haben sich die Amis ausgedacht, um die Welt zu strangulieren.

Eine weitere bekannte, wenn auch in diesem Zusammenhang nicht sonderlich gewichtige Stimme ist die von Dr. Wolfgang Thüne (*1943). Bekannt wurde der Meteorologe als Wettermoderator beim ZDF (1971–1986) und später, ab 1998, durch seine Veröffentlichungen, in denen er unter anderem die These vertritt, dass es keinen Treibhauseffekt geben könne. Thüne ist damit die absolute Steigerung des Klimaskeptikers. „Die Warnungen vor einer Klimakatastrophe", so Thüne, „sind eine Erfindung von Wissenschaftlern, die die Unwissenheit der Journalisten schamlos ausnutzen." Und weiter: Der „Treibhausschwindel ist eine Erfindung der Atom-Lobby, die von den Grünen bereitwillig aufgegriffen und vermarktet worden ist". Man muss einen Moment innehalten, um gedanklich die Kurve zu kriegen. War es nicht Donald Trump, der Präsident der immer noch mächtigsten Nation der Welt, der den Klimawandel als eine Erfindung der Chinesen bezeichnete? Aber was haben um Gottes willen die Chinesen mit den Grünen gemein? Möglicherweise wollen ja beide Deutschland zugrunde richten?

In einem Gespräch mit dem Magazin Frieda meinte Kühne, „ dass Klima prinzipiell keine Bedrohung sein kann, denn es gibt kein Klima, weder als Naturerscheinung noch als Naturvorgang. Der einzige Naturvorgang, der sich in der Luft über uns – ‚im Himmel' – abspielt, ist das Wetter". Wären uns diese Sätze vor einem guten Jahr begegnet, hätten wir haarscharf auf Ergüsse des mächtigsten Mannes der Welt geschlossen. Okay, es war halt nur der Thüne. Promoviert hat der Dr. phil. übrigens mit dem Thema „Die Heimat als soziologische und geopolitische Kategorie und als Identitätsimpuls in der Dynamik der modernen Industriegesellschaft". Für den Fall, dass Seehofer aufgibt, schlagen wir Thüne als Heimatminister vor.

„ … 97 Prozent der Wissenschaftler stimmen überein: Klimawandel ist eine Tatsache, menschengemacht und gefährlich", zwitscherte seinerzeit US-Präsident Barack Obama. Er berief sich dabei auf eine Studie, in der insgesamt 11.944 „peer-reviewed" Veröffentlichungen „matching the topics ‚global climate change' or ‚global warming'" aus den Jahren 1991–2011 untersucht worden waren. Im Ergebnis machten 66,4 Prozent der untersuchten Veröffentlichungen keine Aussage zur Frage über den menschengemachten Klimawandel, in 32,6 Prozent wurde der Beitrag des Menschen zum Klimawandel bekräftigt, in 0,7 Prozent abgelehnt und in 0,3 Prozent wurden gewisse Zweifel geäußert. Damit vertraten also 97 Prozent lediglich derjenigen Veröffentlichungen, die überhaupt eine Position eingenommen hatten, die These, dass der Mensch etwas mit dem Klimawandel zu tun habe. Die 97-Prozent-Aussage war damit in der Welt und, wie es scheint, nicht mehr aufzuhalten. Dies zeigt einmal mehr, dass wissenschaftliche Erkenntnisse nicht für verkürzende und zugespitzte politische Aussagen taugen, auch nicht für reißerische Zeitungsartikel und auch nicht für Talkshows, auch dann nicht oder gerade dann nicht, wenn es um das Klima des Planeten geht.

Im Oktober 2018 stellte der Weltklimarat den „IPPC-Sonderbericht über 1,5 °C globale Erderwärmung" der Öffentlichkeit vor. In allen Gazetten war es zu lesen, in allen Nachrichten zu hören, dass es schlimmer aussehe mit unserem Klima als bisher gedacht. Um den Klimawandel zu bremsen, sei ein zügiger Umbau der gesamten Weltwirtschaft erforderlich, sagt der Bericht. Angesichts der Weltwirtschaft klingt diese Forderung allerdings wie ein schlechter Scherz.

Die IPPC-Experten halten es für besser, die Erderwärmung auf 1,5 °C zu begrenzen. Wir übrigens auch. Sie halten ein Erreichen dieses Zieles für möglich, wenn der politische Wille dafür da ist. Wir halten es nicht für möglich, weil der politische Wille dafür nicht da ist. Der Ausstieg des Herrn Trump aus dem Pariser Klimaabkommen und der Elan, mit dem die Deutschen den vergleichsweise vernachlässigbaren Verzicht auf die Braunkohleverstromung angehen, sind nur zwei Indikatoren dafür.

Unser Ziel sollte nicht die Erwärmung der Erde um 1,5 °C sein, wie es diese Formulierung suggerieren könnte. Unser Ziel sollte es sein, zu verhindern, dass sich unsere Erde bis zum Ende des Jahrhunderts um mehr als 1,5 °C gegenüber dem Beginn der Industrialisierung erwärmt. Zugegeben, eine etwas umständliche Umschreibung dessen, was gemeint ist.

Der CO_2-Ausstoß soll bis 2030 gegenüber 2021 um 35 Prozent reduziert werden, so der Vorschlag der europäischen Umweltminister. Die Kommission und unter anderem die Deutschen hatten bis dato für 30 Prozent plädiert. Die hätten auch VW-Chef Herbert Diess zufrieden gestellt. Jetzt werden es also möglicherweise 5 Prozent mehr. Das veranlasst den VW-Chef, mit der Arbeitsplatzverlustkeule auszuholen. 100.000 stünden auf dem Spiel: „Die Transformation in der Geschwindigkeit und mit den Auswirkungen ist kaum zu managen", und weiter: „So eine Industrie kann schneller abstürzen, als viele glauben wollen." Wir denken, ja, so eine Industrie kann schneller abstürzen, als viele glauben wollen, wenn sie schlecht gemanagt wird.

Über die Umweltverschmutzung

Unsere Spezies sollte ob ihrer unbestrittenen Intelligenz in der Lage sein, die Umweltverschmutzung und ihre Folgen sachlich und unaufgeregt zu erfassen, die richtigen Schlüsse zu ziehen und verantwortlich zu handeln. Leider hindert uns unsere Schwarmdummheit daran. Stattdessen regieren Borniertheit, Uneinsichtigkeit und Geldgier.

Regenwald für Weideland: Mindestens 65 Prozent der neu gerodeten Flächen werden für Tierweiden abgeholzt. Nicht nur, dass auf diese Weise wertvolle CO_2-Senken verschwinden, die Viehwirtschaft sorgt auch noch für zusätzliche Treibhausgase. Geschätzt 18 Prozent des weltweiten Ausstoßes gehen auf das Konto der Rinderzucht Südamerikas und 37 Prozent auf das der Viehhaltung weltweit.

Regenwald für Soja-Land: In den reichen Ländern der Erde, auch in Deutschland, werden für den Fleischbedarf so viele Kühe, Schweine, Hühner und sonstige Tiere gehalten, dass nicht genug Ackerland zur Verfügung steht, um das notwendige Futter aufzubringen. Soja, das Kraftfutter für unsere Fleischproduzenten, wird deshalb am Amazonas angebaut. So verschwinden nicht nur weitere wertvolle CO_2-Senken, die einseitige Bewirtschaftung verlangt auch nach intensiver Schädlingsbekämpfung. Wo die Schädlingsbekämpfungsmittel schließlich landen, ist ziemlich leicht zu erraten.

Regenwald für Palmölwald: Palmöl ist das weltweit am meisten verwendete Pflanzenöl. Es wird aus den Früchten der Ölpalme gewonnen und steckt heute in Produkten, von denen man das nicht ohne Weiteres annehmen würde: in Lebensmitteln wie Margarine, in Fertigprodukten, in Pizza und Keksen, in Kosmetikartikeln, Waschmitteln und Kerzen. Und im Sprit. Palmöl wird deshalb so gerne benutzt, weil Ölpalmen sehr ertragreich sind. Und es ist billig. Dummerweise benötigen Ölpalmen, wenn sie denn gedeihen sollen, tropisches Klima und Palmplantagen sehr viel Platz. Die Pflanzen wachsen am besten dort, wo auch der Regenwald wächst. Palmölplantagen sind übrigens auch der Hauptgrund für die Regenwaldzerstörung in Malaysia und Indonesien.

Palmöl wird auch als Zusatz für Diesel und Benzin benutzt. Unsere – und nicht nur unsere – Autonation sollte daran interessiert sein, trotz zunehmender Fahrzeuganzahl die Luft nicht noch mehr zu verpesten, als sie es heute schon tut. Deshalb wurden die Mineralölfirmen verpflichtet, den konventionellen Kraftstoffen Benzin und Diesel einen „sauberen" Stoff beizumischen, der aus Pflanzen hergestellt wird. Die Ergebnisse sind Biodiesel und Biobenzin, zum Beispiel E10. Dabei ist wohl dummerweise übersehen worden, dass es bei uns nicht genug, zumindest nicht genug billige Ackerfläche gibt, um die notwendige Pflanzenmenge anzubauen. Also wird der pflanzliche Rohstoff dort angebaut, wo er am besten wächst und am billigsten ist, in Asien und Südamerika, und von dort importiert. Auch hier sind es wieder die Regenwälder, die weichen müssen.

„Sie vernichten Getreide und sammeln Brot für die Welt."[6]

Die Diskussionen um Umweltthemen werden häufig ideologisch geführt, obgleich es doch eigentlich möglich sein sollte, die Fakten auf den Tisch und die Wahrheit ans Licht zu bringen. Ignoranz, Uninformiertheit und Interessenlosigkeit einerseits, die Ohnmacht und Kraftlosigkeit der staatlichen Organe und anderseits die alles bestimmenden wirtschaftlichen Interessen bilden die Gegenpole in diesem traurigen Kapitel. Homo avidus, der habgierige Mensch, hört das natürlich auch nicht besonders gerne. Um nämlich verantwortungsvoll mit den Ressourcen des Planeten umzugehen, müsste er sich gewaltig umstellen. Zum Beispiel kein E10 tanken, schon mal auf saftige Steaks aus Argentinien verzichten, alle palmölgetränkten Nahrungs- und Genussmittel verschmähen und sämtliche entsprechenden Kosmetika in die Tonne werfen.

Der Ruf der Renate Künast nach einem Veggie-Day musste einfach schiefgehen. Das hätte sie wissen oder ahnen müssen, die grüne Renate. Mit dieser Forderung aus ihrem Wahlprogramm haben die Grünen einen bundesweiten Sturm der Entrüstung, neudeutsch „shitstorm", ausgelöst und das nicht nur bei eingefleischten Fleischessern. Die freiheitliche FDP lehnte diesen Vorschlag pflichtgemäß als Bevormundung ab. CDU/CSU erinnerten scheinheilig an die christliche Tradition des fleischfreien Freitags, der dummerweise kaum mehr eine Rolle spielt in der bundesdeutschen Freitagsküche. Wie auch immer, auf diese Weise kann man das Problembewusstsein der Menschen nicht schärfen. Man sollte sie schon ernst nehmen und seriös mit ihnen diskutieren.

Freilich stößt man allerorts auf Beispiele, die unsere kollektive Beschränktheit zu beweisen scheinen. Wie anders könnte es sein, dass wir Krabben aus der Nordsee, nachdem sie vorher mit chemischen Keulen haltbar gemacht wurden, tonnenweise in LKWs nach Marokko karren, dort pulen lassen, um sie dann zurückzukarren und in Discountern möglichst billig an den deutschen Mann und die deutsche Frau zu bringen? Wer von dieser Prozedur weiß und doch noch Discounterkrabben kauft, der müsste eigentlich bestraft werden. Um bekannten Argumenten vorzubeugen, keiner benötigt zum Leben in Marokko gepulte Krabben. Höchstens die Frauen, die für kein Geld dieses Job machen. Denen könnte man wahrscheinlich auf intelligentere Weise helfen.

Oder blicken wir auf die Autoindustrie, eine unserer Schlüsselindustrien, die einschließlich der Zulieferer etwa 800.000 Menschen beschäftigt und die 7,7 Prozent zur Wirtschaftsleistung des Landes beiträgt. Seit der Aufdeckung des „VW-Skandals" im Jahre 2015 ist sie nicht zur Ruhe gekommen. Klimaschutzziele mit Auflagen für die CO_2 - Ausstöße, Luftreinhaltepläne für unsere Ballungszentren mit Dieselfahrverboten und Auflagen für die Schadstoffausstöße machen ihr zunehmend zu Schaffen. Nicht zuletzt auch das aufkommende Bewusstsein, dass Autos ihre Rolle als Statussymbole zwar langsam, aber doch sicher zu verlieren scheinen.

Dass die Verbrauchswerte und auch die Schadstoffausstöße im realen Straßenverkehr gegebenenfalls deutlich höher liegen als beim Test auf dem Rollenprüfstand, ist trivialerweise der „Güte" des Fahrzyklus geschuldet, der Frage also, wie gut dieser die Realität widerspiegelt. Oder, wie man auch umgekehrt sagen könnte, wie gut sich der reale Fahrer an die „Rollenprüfstandsfahrt" hält. Die Realität ist nun einmal abhängig von der Fahrweise des Fahrers des rollenprüfstandsgeprüften Spritverbrauchers und Schadstoffemittenten. Das versteht der Verbraucher wahrscheinlich. Das hätte man ihm durchaus kommunizieren können. So gehirnlos kommt er denn doch nicht daher.

Der Fahrzyklus taugt eben nicht dazu, dem Käufer eine halbwegs realistische Vorstellung vom Verbrauch seines Fahrzeugs zu vermitteln. Wir haben es ja auch immer schon gefühlt, geahnt oder auch gewusst. Wir denken, man hätte dem Autofahrer die tatsächlichen Sachverhalte durchaus kommunizieren können. Und das sollte eigentlich vor dem Kauf eines Fahrzeugs möglich sein. Hinterher benötigt der Autofahrer keinen Rollenprüfstand. Tanken und Autofahren, Lesen und Rechnen kann er in der Regel selbst.

Als wäre das quasi systemimmanente Problem der Kluft zwischen realem und rollenprüfstandsgeprüftem Verbrauch nicht schon groß genug, operieren die Hersteller bei den Verbrauchsangaben unter Ausnutzung allerlei Tricksereien eher am unteren Ende des Verbrauchs und des Schadstoffausstoßes.

Die Tricksereien werden durch Lücken in der Gesetzgebung ermöglicht, die auch gerne bis zum Äußersten ausgenutzt werden. Als hätte man etwas anders erwarten können!

So ist es den Herstellern erlaubt, besonders rollenwiderstandsarme, mit hohem Luftdruck befüllte Spezialreifen aufzuziehen. Diese sind in der Regel besonders klein und schmal, also ziemlich das Gegenteil von dem, was man gemeinhin auf der Straße findet. Dort gilt ja eher: Je breiter, umso geiler. Immerhin, der Luftdruck muss den Herstellerangaben für das Fahrzeug entsprechen. Außerdem müssen die Reifen am Markt frei erhältlich und für den Fahrzeugtyp zugelassen sein. Ob sie aber jemals auf irgendeinem der Fahrzeuge aufgezogen wurden, ist von uns leider nicht feststellbar. Grundsätzlich werden bei den Tests nicht notwendige Energieverbraucher abgeschaltet. Das Fahrzeug wird zudem möglichst leicht gemacht, indem zum Beispiel Ersatzreifen und Werkzeug von Bord genommen werden. In den Verbrauchsangaben müsste es also mindestens heißen: „Durchschnittlicher Verbrauch bzw. CO_2-Ausstoß ohne Schraubenschlüssel und Fahrzeugführer." Wir wissen es nicht, aber wir vermuten es: Während der Rollenprüfstandsfahrt sitzt kein Fahrer hinter dem Lenkrad. Dadurch wird quasi das autonome Fahren vorweggenommen. Die Messung eines Fahrzeugs wird im Übrigen stets in dessen Basisversion durchgeführt, ohne jede optionale Zusatzausstattung, einer Version des Fahrzeugs also, die wahrscheinlich nie auf den bundesdeutschen Straßen anzutreffen sein wird. Sogar die Lichtmaschine wird vom Steuergerät entkoppelt, sodass kein Benzinverbrauch für das Aufladen der Batterie anfällt. Türschlitze und Kühlergrill werden verklebt, um den Luftwiderstand zu reduzieren, und die Hersteller können die „besten" Fahrzeuge ihrer „Flotte" für den Test heranziehen.

Infolge des extrem hohen Einspritzdrucks bleiben Teile des Treibstoffs unverbrannt, sodass viele kleine Partikel ausgestoßen werden. Die Partikelfilter für Benziner liegen schon in den Schubladen. Aber sie werden nicht eingebaut. Sie würden – das alte Lied – die Fahrzeuge verteuern. Um 50 bis 150 Euro, so liest und hört man. Und das kann man den Autoherstellern unmöglich zumuten? Die Industrie muss also wieder einmal gezwungen werden. Mammon vor Gesundheit! Im Übrigen ist diese Nachricht noch nicht sehr alt. Möglicherweise wissen die Experten ja schon länger um dieses Problem, die Entwickler, die Politiker, die Wissenschaft? Wenn der Bürger und die Autofahrer sich bis dahin noch nicht auf den Arm genommen fühlen, dann spätestens jetzt. Wie kann es passieren, dass plötzlich, gleich einem „Deus ex machina", festgestellt wird – oder ist es, was vielleicht noch schlimmer wäre, schon länger bekannt? –, dass Benzinmotoren mit Direkteinspritzung mehr Feinstaub generieren als rußpartikelgefilterte Dieselfahrzeuge?

Den Begriff Thermofenster haben wir bis dato ausschließlich mit besonders gut isolierten Fenstern in Verbindung gebracht. In der automobilen Welt geht es allerdings um die Abschaltung der Abgasvorrichtungen vorrangig beim Dieselmotor. Das automobile Thermofenster ist der Temperaturbereich, in dem die Abgasnachbehandlung besonders effektiv ist, die Stickoxide also am effektivsten aus den Abgasen herausreduziert werden können. Bei niedrigen Temperaturen ist es gesetzlich erlaubt, die Abgasnachbehandlung abzuschalten. Je mehr nämlich die Außentemperatur der angesaugten Luft von einem Idealwert abweicht, desto schwerer erreichen die Systeme die perfekte Betriebstemperatur – im schlimmsten Fall könne der Motor sogar Schaden nehmen, so die Argumentation. Bauteilschutz nennen sie es. Die Motoren werden geschont, die Gesundheit von Mensch und Tier eher nicht. Mammon vor Gesundheit!

Die Abgasnachbehandlung werde „in Abhängigkeit vom jeweiligen Betriebszustand innerhalb des zulässigen Rahmens flexibel geregelt, um den Motorschutz und den sicheren Betrieb des Fahrzeugs zu gewährleisten", so lautet die Erläuterung von Daimler. Damit war und ist es eigentlich klar. Motorsteuerungen mit Abschalteinrichtungen und dann auch Abschaltungen waren nicht aufzuhalten. Die Thermofenster sind im Prinzip nur zwei Parameter eines Softwareprogramms.

Bei manchen Automodellen begann der automobile Winter nachweislich schon bei knapp unter 20 °C. Das ist wahrscheinlich nicht zufällig die Temperatur, die bei den offiziellen „Labormessungen" als untere Grenze gilt. Und bei über 30 °C wurde auch schon mal abgeschaltet. Saubere Abgase liefern diese Modelle ausschließlich bei den auch für uns angenehmsten Temperaturen, vorzugsweise im Frühling und im Spätsommer, bei zunehmender Erderwärmung dann wohl nicht mehr. Immerhin, unser damaliger Verkehrsminister Alexander Dobrindt kündigte an, dass die Richtlinie der EU zu den sogenannten Thermofenstern überarbeitet werden müsse: „Nach dem derzeitigen Stand profitieren davon die Hersteller am meisten, die vorgeben können, die empfindlichsten Motoren zu haben." Anders ausgedrückt: Wer die schlechtesten Aggregate baut, kann die Abgasreinigung der Motoren am umfassendsten zurückfahren. Bis heute ist nach unserer Kenntnis aus Alexanders Richtlinieninitiative nichts geworden.

Unabhängig davon darf das, was sich VW und, wie man hört, wohl auch andere Autobauer geleistet haben, nicht mehr mit der grenzwertigen Ausnutzung von Gesetzeslücken verwechselt werden. Es war Betrug, Betrug in einem nicht für möglich gehaltenen Ausmaß. Dass man diesen Betrug gerade auf dem in dieser Hinsicht äußerst kritischen Markt USA begangen hat, ist nebenbei auch noch ziemlich dumm. Das hätte wohl keiner dem Autobauer, der der größte der Welt werden wollte, zugetraut – den Betrug vielleicht, ja, aber nicht diese grenzenlose Dummheit. Winterkorn hat dafür ja auch schon eine Abfindung bekommen.

2016 flossen pro Tag rund 12.000 Liter salzhaltiges Grundwasser in die Schachtanlage Asse in Niedersachsen. Kein Mensch weiß, wie viele der rund 126.000 eingelagerten Fässer und Gebinde inzwischen leck sind. Fest steht aber, dass radioaktive Lauge aus den Atommüllkammern sickert. Nur wenn die Fässer zurückgeholt werden, lässt sich verhindern, dass radioaktive Strahlung austritt und das Grundwasser kontaminiert. Deshalb soll der Atommüll aus dem maroden Bergwerk geborgen und erst einmal oberirdisch zwischengelagert werden. Die Kosten dafür werden auf rund vier Milliarden Euro geschätzt. Wir vermuten, dass diese Schätzung ziemlich am unteren Ende des tatsächlichen Betrags liegt.

Mehr als 85 Prozent der in der Asse eingelagerten radioaktiven Gesamtaktivität stammen aus den Anlagen der Kernkraftwerksbetreiber E.on, Vattenfall Europe, RWE und EnBW. Für die Betreiber war es ein gutes Geschäft. Zwischen 1967 und 1975 war die Einlagerung ihrer radioaktiven Abfälle nämlich kostenlos. Erst ab Dezember 1975 wurden für die Lagerung von schwach- und mittelradioaktiven Abfällen Gebühren fällig. Insgesamt sollen 16,5 Millionen DM zusammengekommen sein. Diesen Einnahmen stehen zurzeit geschätzte Sanierungskosten von „nur" rund vier Milliarden Euro gegenüber. Die werden erfahrungsgemäß nicht reichen.

„Das Atom verhält sich gesetzmäßig, seine Anwendung nicht." (Heinrich Wiesner[6])

Im Durchschnitt sind in der EU pro Jahr und Einwohner knapp 200 Plastiktüten im Umlauf. EU-weit sind das gut 100 Milliarden. 100 Milliarden Plastiktüten nur in Europa! Beinahe so viele Plastiktüten wie Sterne in der Milchstraße. Wir denken, das sind EU-weit genau 100 Milliarden zu viel. Die EU-Bürger sollen in Zukunft aber deutlich weniger Plastiktüten verwenden. Der Verbrauch soll in den kommenden Jahren um die Hälfte sinken, auf etwa 90 Plastikbeutel pro Einwohner und Jahr. Mit den neuen Regeln will die EU vor allem die Nutzung leichter Einwegtüten drosseln, wie sie der Kunde im Supermarkt oder im Kaufhaus an der Kasse erhält. Ausgenommen sind ganz dünne Tüten, in die etwa Frischfleisch, Wurst, Fisch oder auch Obst verpackt werden. Diese Ausnahme wird damit begründet, dass ein Verbot noch schädlichere Verpackungen wie Schalen aus Schaumstoff fördern könnte, so als wäre das ein Naturgesetz.

Wie der gutgläubige Verbraucher inzwischen erfahren durfte, sind Kosmetika und Zahncremes und, wer hätte es nicht vermutet, unzählige weitere Produkte mit winzigen Plastikteilchen durchsetzt. Aus welchen Gründen auch immer. Man kann sich die Mühe sparen, sie entdecken zu wollen. Es handelt sich nämlich um Nanoplastik, die 1000-fache „Steigerung" von Mikroplastik. Inzwischen findet man die Plastikteilchen nachweislich in Honig, in Milch und im Regenwasser und, wie wir vermuten, höchstwahrscheinlich überall da, wo man danach sucht.

Die Briten wollen Plastik(stroh)halme und (Plastik)wattestäbchen verbieten. In diesem Kontext ist eine Zahl genannt worden, die uns schier den Atem verschlägt. In den USA werden täglich, also Tag um Tag, gut 500 Millionen Plastikhalme „verbraucht". Und weltweit sollen es gut eine Milliarde sein. Verbraucht heißt in diesem Fall, einen Trinkbecher lang benutzt und dann in den Müll geworfen. Das ist tatsächlich – es war uns bis dato nicht bewusst – ein Musterbeispiel, wenn nicht sogar das Musterbeispiel für ein kluges Produkt, ein Produkt, dessen Nutzungsdauer im Bereich von Minuten und dessen Lebensdauer im Bereich von einigen hundert Jahren liegt. Plastikhalme gehören im Übrigen zu den Top 10 der Abfälle, die an Stränden zu finden sind. Sie sind nicht einmal recycelbar.

Am 26. Juli 2018 hörten und lasen wir, dass jeder Deutsche pro Jahr 220 kg Verpackungsmüll produziert. Damit sind wir Spitzenreiter, beinahe Weltmeister, mindestens aber Europameister. Wenn schon nicht Fußballweltmeister, dann also doch wenigstens Verpackungsmüllweltmeister.

In den Zielländern, bevorzugt den ärmsten dieser Welt, werden dem Elektronikschrott oft mit primitivsten Mitteln und unter extremer Belastung von Mensch und Umwelt die wertvollen Stoffe entnommen. Nicht selten werden für diese Arbeit Kinder eingesetzt. Aber immerhin, die Baseler Konvention von 1989 verpflichtet die Unterzeichnerländer, ihren angefallenen Schrott zumindest zu einem Teil im eigenen Land zu recyceln. Deutschland ist seit 1995 dabei, die Amis leider nicht. Und gerade die gehören zu den 80-Prozent-Auswärtsrecyclern. Sie waren eben noch nie besonders zimperlich, unsere Freunde. Wo Geld zu machen ist, sind Gangster meistens nicht weit. Trotz der Abkommen werden jährlich 150.000 Tonnen deutscher Elektroschrott illegal nach Asien und Afrika geschafft. Die nicht mehr gebrauchten Handys und Computer werden „ganz einfach" als Gebrauchtgeräte deklariert. Für die skrupellosen Schrotthändler ist das Geschäft lukrativ, für die Menschen in den Zielländern eher weniger. Recycelt werden unsere überflüssig gewordenen Geräte in der Regel unter primitivsten Bedingungen. Ungeschützt werden sie auseinandergebaut, Bildröhren zertrümmert, Platinen in starke Säuren getaucht und Kabelumhüllungen abgebrannt, um an das Kupfer zu kommen. Der unverwertbare Restmüll wird auf riesige Müllhalden geworfen. Die Belastung für die Menschen und ihre Umwelt ist zu erahnen.

„Fracking" nennt sich bekanntlich die Methode, mit der unkonventionell gelagerte Gasvorkommen gefördert werden. Sie werden so genannt, weil das Gas in Gesteinshohlräumen eingeschlossen ist und nicht durch „normale" Bohrungen gefördert werden kann. Das Gestein muss deshalb zuerst „aufgebrochen" werden. Das geschieht, indem man Wasser über ein Bohrloch in den Untergrund presst. Der Wasserdruck erzeugt Risse und Kanäle in dem Gestein, durch die das Gas entweichen und gefördert werden kann. Dieses Verfahren ist aufwendiger und damit teurer als konventionelle Fördermethoden. Inzwischen ist Fracking aufgrund der gestiegenen Rohstoffpreise aber wirtschaftlich interessant. Damit das Ganze funktioniert, werden dem Wasser dummerweise Chemikalien beigemischt. Und die sind, wie kann es anders sein, giftig und umweltschädlich. Das mit Chemikalien aufgemischte Wasser muss im Rahmen des Frackingprozesses abgepumpt und entsorgt werden. Es geht dabei um Millionen Liter Flüssigkeit. Laut Umweltbundesamt kann die „in Deutschland gängige Praxis der Entsorgung des Flowback – so heißt der abgepumpte Giftcocktail aus Frack-Vorgängen – durch Verpressung in geeignete durchlässige Schichten in den Untergrund … mit Risiken für das Grundwasser und die Umwelt verbunden sein." Und weiter: „Die Entsorgung des Flowback aus Frack-Vorgängen mit Einsatz umwelttoxischer Chemikalien … [ist] wegen fehlender Erkenntnisse über die damit verbundenen Risiken derzeit nicht verantwortbar." Das war ein Beschluss des Deutschen Bundesrates vom 1. Februar 2013. Aber nicht nur die Frackingflüssigkeit ist gefährlich. Vorzugsweise Methan kann aus dem aufgebrochenen Gestein unkontrolliert entweichen und in das Grundwasser gelangen. Und das kann nicht nur geschehen, nach Murphys Law wird es das auch. In den USA führte Leitungswasser schon so viel Methan mit sich, dass es angezündet werden konnte. Feuer aus dem Wasserhahn. Vor nicht allzu langer Zeit hätte man den Teufel dahinter vermutet. Dennoch, die Amis betreiben Fracking im großen Stil. Sie wollen im Zeitalter der zunehmenden Knappheit die größten Energielieferanten der Welt werden.

Kreuzfahrer: Moderne Kreuzritter, die sich anschicken, die Umwelt zu vergiften, quasi mit Umweltgiften bewaffnete Peregrini.

Subprime-Kreuzfahrten: keine Kleiderordnung, Trinkgelder inklusive, Bier, Wein und Softgetränke bis 21 Uhr ebenso.

Es liegt auf der Hand: Zum Wohle der Kinder und Kindeskinder, zum Wohle der nachfolgenden Generationen also, auf Vergnügungen zu verzichten fällt unserer Spezies nicht nur nicht leicht, sie kommt erst gar nicht auf die Idee.

Das Leben

Das Leben ist eine unheilbare Krankheit, die durch Geschlechtsverkehr übertragen wird und unausweichlich zum Tod führt.

„Wenn das Leben beginnt, hätte man Grund genug zur Angst, hat aber keine; wenn es endet, hat man Angst genug, aber keinen Grund."[6]

Ich liebe das Leben, sagen die, die im Leben etwas zum Lieben haben.

Man muss das Leben nicht unbedingt lieben, um an ihm zu hängen.

Dass der Tod zum Leben gehöre, ist eine oft gehörte, dafür aber nicht weniger irrige Ansicht. Der Tod ist jenseits des Lebens. Das Sterben ja, das Sterben gehört zum Leben.

Das Leben wäre um einiges leichter, wäre sterben wie einschlafen und nicht mehr leben wie schlafen.

Leben ist ein elektrochemisches System, das sich eine Zeit lang selbst erhalten und sich reproduzieren kann und eine Evolution ermöglicht.

Wir fragen uns, ob der Mensch, die Menschheit, insbesondere die Religionen, vorbereitet sind auf die mögliche Existenz außerirdischen Lebens, unabhängig von seiner Ausprägung. Eigentlich sollten im Vatikan die Köpfe rauchen ob dieser Möglichkeit. Wahrscheinlich tun sie es ja auch. Aber es ist nicht viel zu hören davon. Wir denken, in den einschlägigen Zirkeln gibt es schon vorbereitete Antworten, Statements und Legenden. Ein Weltbild ohne Legenden hätte mit Außerirdischen jedenfalls kein Problem. Auch nicht mit deren durchaus möglicher Nichtexistenz.

Bemerkenswert sind in diesem Zusammenhang die Gedanken des französischen Astronomen Nicolas Camille Flammarion (*1842, †1925). 1861, im Alter von 19 Jahren, veröffentlichte er „Die Mehrheit der bewohnten Welten." Darin setzte er sich mit der Möglichkeit von Leben auf anderen Himmelskörpern auseinander und vertrat die Auffassung, dass die Erde keine Sonderstellung einnehme, sondern Leben auch auf den anderen Planeten des Sonnensystems existieren könne. In dem Zusammenhang beschäftigte er sich auch mit der Frage nach dem Sinn des Universums. Er entwickelt folgenden Gedanken: Wenn das Universum auch zufällig entstanden ist – also sinnlos ist, ohne Plan –, so ist es doch groß genug, um Leben an vielen Orten hervorzubringen. Haben das Universum und das Leben auf der Erde aber einen Sinn, so wäre es abwegig zu glauben, dass dieses wundersame und vielfältige Universum geschaffen wurde ohne weitere Lebewesen, die es wahrnehmen und erforschen sollten. Flammarion kommt also zu dem Schluss, dass es extraterrestrisches Leben gibt. Seine Argumentation ist aus heutiger Sicht, vorsichtig ausgedrückt, einigermaßen unübersichtlich. Wir formulieren deshalb etwas einfacher: Die Erde ist kein ausgezeichneter Platz im unermesslich großen Raum des Universums, gegebenenfalls Multiversums. Es ist deshalb anzunehmen, dass es Leben auf unzählbar vielen Himmelskörpern dieses und gegebenenfalls unzählbar vieler anderer Universen gibt.

Die Tierwelt

Aus biologischer Sicht sind sämtliche Organismen, die auf der Erde leben, miteinander verwandt, da sie im Grundsatz aus denselben chemischen Bausteinen bestehen und die gleichen Lebens- und Replikationsmechanismen verwenden. Das Tier unterscheidet sich deshalb nicht grundsätzlich, sondern nur graduell von uns Menschen.

Tiere und Menschen verfügen beide über eine „Hardware", die sich prinzipiell nicht voneinander unterscheidet, über Sinnesorgane, Nervenzellen und -leitungen und ein Gehirn, das die Sinneseindrücke verarbeitet, sortiert, bewertet und Entscheidungen trifft. Diese Mechanismen verlaufen bei Tier und Mensch völlig analog. Der Unterschied ist tatsächlich nicht prinzipiell, sondern nur graduell.

Es ist uns Menschen allerdings nicht unmittelbar zugänglich, was ein Tier empfindet oder gar denkt. Aber es ist plausibel anzunehmen, dass mit zunehmendem genetischem Verwandtschaftsgrad vergleichbare Strukturen im Gehirn des Tieres auch vergleichbares Empfinden ermöglichen.

Alleine aus der schieren Zahl der Arten erwächst eine kaum zu bewältigende Arterhaltungsaufgabe. Wir müssen notwendigerweise selektieren. Der Mensch muss also, wenn es darauf ankommt, entscheiden, welche Art er erhalten will, vielleicht sogar unbedingt erhalten sollte und welche nicht oder nicht unbedingt. Was sind also die Kriterien, die sich die Krone der Schöpfung zutraut festzulegen? Im Prinzip gibt es dazu zwei Positionen, die anthropozentrische und die physiozentrische. Letztere weist der Natur einen Wert an sich zu, erstere unterwirft den Artenschutz dem Interesse des Menschen und argumentiert auf der Basis des Nutzens der Art für den Menschen. Ein Beispiel ist der Schutz von Wildbienen, deren Wert in der Funktion als Bestäuber für die Landwirtschaft besteht, beispielsweise für den Obstanbau. Das ist sicher äußerst egoistisch.

Falls es dem Menschen bei der Erhaltung der Arten nicht gelingt, die anthropozentrische Position durchzusetzen, wird es mit ihm auch zu Ende gehen. Falls es ihm gelingt, allerdings auch.

Wölfe sind von Natur aus nicht böse. Bosheit setzt nämlich Bewusstsein voraus. Aus unserer Sicht kann ausschließlich der Mensch böse sein, obgleich das sicherlich wissenschaftlich noch nicht abschließend geklärt ist. Sehr wohl aber sind Wölfe angriffslustig und unberechenbar. Andererseits sollen sie ungemein wichtig sein für das Ökosystem unserer Naturgebiete. Wölfe reißen nämlich häufig auch kranke und schwache Tiere und halten so den Bestand der restlichen Beutetiere gesund und stark. Daher werden sie auch die „Gesundheitspolizei des Waldes" genannt. Fehlen sie als Ausgleich, gerät das ökologische Gleichgewicht ins Wanken. Es wird also höchste Zeit, dass der Wolf es wieder herstellt, nachdem es 150 Jahre aus dem Takt war?

Der Wolf macht eine Menge Ärger, den es ohne ihn nicht gäbe. Das ist trivial. Ohne Flüchtlinge gäbe es auch weniger Ärger in Europa und ohne die Spezies Mensch weniger auf diesem Planeten.

NABU-Wolfsexperte Heiko Drawe: „Sollte man einen Wolf sehen, darf man auf keinen Fall flüchten. Er könnte das missverstehen, schlimmer noch, man würde womöglich seinen Jagdinstinkt auslösen." Dumm nur, wenn Kinder nicht dem Wolfsexperten folgen, sondern ihrem Fluchtinstinkt.

Wenn sie, liebe Leserin, lieber Leser, mit Ihren Kindern oder Enkeln, die möglicherweise als Stadtkinder noch nie ein Reh oder einen Hasen und schon gar keinen Wolf gesehen haben, beim Waldspaziergang einem Wolf begegnen, bleiben Sie erst einmal ruhig stehen und genießen Sie die Gelegenheit, dieses schöne, prächtige und seltene Tier so nahe sehen zu dürfen. Ihre Gören müssen Sie halt irgendwie in Schach halten. Falls Sie sich unwohl fühlen, machen Sie sich einfach groß, die Kleinen am besten mit. Dann klatschen Sie alle zusammen in die Hände, quasi als Beifall und rufen etwas – was genau, hat uns der Wolfbegegnungsratgeber dummerweise nicht verraten. Vielleicht „Wolf verschwinde, sonst müssen wir den Jäger holen!"

Allein in den drei Bundesländern, in denen die meisten Wolfsrudel leben – Sachsen, Brandenburg und Niedersachsen –, sind rund 240 Wolfsberater auf den Spuren des Canis lupus im Einsatz. Das ist fast einer pro Wolf. Ob sie sich genauso schnell vermehren wie ihr Beratungsobjekt, ist abschließend noch nicht geklärt.

Massentierhaltung bezeichnet die technisierte Viehhaltung in der Regel nur einer einzigen Tierart in landwirtschaftlichen Großbetrieben. Damit einher gehen in der Regel nicht ausreichend verfügbare landwirtschaftliche Nutzflächen, um die benötigten Futtermittel selbst zu erzeugen. Das primäre Ziel ist dabei die größtmögliche Erhöhung des erwirtschafteten Ertrages. Etwas anderes ist auch nicht zu erwarten. Das ökonomische Prinzip regiert schließlich unsere Menschenwelt. Homo oeconomicus arbeitet, wenn vielleicht auch nicht in jedem Fall, aber in den meisten nach diesem Prinzip: Mit möglichst geringem Mitteleinsatz das maximal mögliche Ergebnis erzielen! Bei der Umsetzung dieses sogenannten ökonomischen Prinzips sind, so scheint es, nicht selten alle Mittel recht. Auch das qualvolle und unwürdige Leben unserer tierischen Mitbewohner.

Wenn es einen Gott geben sollte, der die Welt und die Menschen und alle Kreaturen erschaffen hat, dann kann er unmöglich gewollt haben, dass die nach seinem Ebenbild geschaffene Spezies die von ihm weniger gut ausgestattete quält, ihr Leid zufügt und sie umbringt. Wir wissen nicht, wie unsere Philosophen und Theologen das sehen. Aber auf so einfache Fragen haben sie oft keine einfachen und schlüssigen Antworten.

Nach dem Schlüpfen werden die Küken sortiert, die Guten ins Töpfchen, die Schlechten ins Kröpfchen. Die Tiere werden auf lange Förderbänder gekippt und sortiert. Schwache, kleine oder verletzte Küken werden aussortiert, außerdem männliche von weiblichen Küken getrennt. Sexen nennen sie die Trennung. Die aussortierten schwachen und die männlichen Küken werden dann auf nicht unbedingt sanfte Art und Weise umgebracht. Am Ende des Förderbandes wartet nämlich entweder der Schredder, in dem die bei dieser schändlichen Prozedur ausgewählten schwachen und männlichen Tiere lebendig zu Brei zermahlen werden, oder aber sie werden erstickt, das heißt, schlichtweg vergast. Angesichts dessen, was die weiblichen Tiere vor sich haben, ist das möglicherweise noch das angenehmere Ende. Ihnen wird nämlich zunächst der vordere Teil des Schnabels abgeschnitten – sie könnten sonst ob ihres kommenden traurigen Daseins durchdrehen und sich gegenseitig verletzen mit ihren ungekürzten Schnäbeln –, bevor sie zum Legebetrieb transportiert werden, wo sie dann Zeit ihres Lebens unter nicht unbedingt angenehmen Bedingungen auf Teufel komm raus Eier legen müssen.

Wenn man einem Huhn empfehlen müsste, Legehenne oder Masthenne zu werden, wäre die richtige Entscheidung tatsächlich nicht ganz einfach. Ununterbrochen Eier legen ist extrem anstrengend und Fressen ohne Hunger wahrscheinlich auch.

Die Hauptaufgabe des Mastschweins ist die Produktion von Fleisch. Es ist deshalb nur folgerichtig, dass hierfür Schweine verwendet werden, die sehr schnell wachsen und gleichzeitig viel Fleisch ansetzen. Diese Eigenschaften wurden den Tieren angezüchtet. Außerdem werden sie mit extrem energiereichem Kraftfutter gefüttert. In der üblichen Intensivmast werden die Tiere auf diese Weise innerhalb von sechs Monaten auf ein Endgewicht von 110 bis 125 kg hochgemästet. Das entspricht einer Zunahme des Körpergewichts von einem Kilogramm pro Tag. „König Kunde" spielt hier eine besondere Rolle. Der möchte nämlich eher weniger fettes Schweinefleisch. Die Schweinezüchter haben also die Körperproportionen der Tiere so hingezüchtet, dass diesem Wunsch entsprochen wird. So wurde der Anteil des Rückenspecks reduziert und die Schinkenanteile vergrößert. Dieser Überzüchtung können die Körper der Tiere kaum standhalten. Es ist leicht zu vermuten, dass das ihrer Gesundheit nicht unbedingt förderlich ist. Übrigens, die nicht vermeidbaren fetten Schweineteile werden nach Asien verschifft. Vorzugsweise die Südkoreaner mögen sie wohl.

Billiges Fleisch von Schweinen, die ohne Betäubung kastriert werden, gibt es auch hierzulande noch. Das geplante Verbot der Ferkelkastration, das ab 2019 gelten sollte, wurde nämlich um zwei Jahre verschoben. Im Trubel der Diesel- und Einwanderungsdiskussion war die Sache nur eine kaum beachtete Randnotiz, gerade für ein paar Bilder von kleinen süßen Ferkelchen gut. Die sind, wie man sieht, aber offensichtlich nichts wert.

Milchtrinker müssen unweigerlich ein schlechtes Gewissen bekommen, wenn sie sich den Prozess der Erzeugung vor Augen führen. Kühe geben wie alle Säugetiere nur dann Milch, wenn sie ein Junges geboren haben. Also werden sie Zeit ihres Lebens einmal im Jahr geschwängert. Gemolken werden sie während der Schwangerschaft und nach der neunmonatigen Schwangerschaft, also nach der Geburt ihrer Kälber. Nur in den letzten beiden Monaten vor der Geburt des Kalbs wird das Melken eingestellt. Ohne den menschlichen Eingriff würden Kühe so viel Milch produzieren, wie sie zur Ernährung ihrer Kälber benötigen, etwa acht Liter pro Tag. Die für die industrielle Milchproduktion gezüchteten Hochleistungskühe liefern dagegen unglaubliche 50 Liter. Im Jahr sind das bis zu 10.000 und sogar bis 15.000 Liter. Die Auswirkungen lassen sich leicht erahnen. Die andauernde Höchstleistung hinterlässt trivialerweise Spuren. In der Regel sind die auf diese Weise strapazierten Tiere nach vier bis fünf Jahren körperlich ausgezehrt und dann auch nicht mehr rentabel. Sie werden geschlachtet.

Die Enten- oder Gänsefettleber ist eine von Homo sapiens heiß begehrte Delikatesse. Nach dem Schlüpfen werden die Tiere nach Geschlecht sortiert. Die männlichen Lebern sind weniger venös als die der weiblichen Tiere. Deshalb werden die Weibchen samt ihren Lebern ausrangiert. Dafür gibt es unterschiedliche Optionen. Sie werden lebend zermahlen, in Plastiktüten erstickt oder vergast. Noch Schlimmeres allerdings erwartet ihre männlichen Artgenossen. Zunächst sieht es nicht einmal so schlecht aus für die Tiere mit den für Homo sapiens geeigneteren Lebern. Sie werden, bis sie erwachsen sind, also etwa drei Monate lang, in offenen Gehegen gehalten. Dann aber wird es ernst. Dann kommen sie nämlich in Käfige, die so klein sind, dass sie sich weder drehen noch aufstehen, geschweige denn mit den Flügeln schlagen können.

Nur ihr Kopf schaut heraus, damit die Zwangsernährer an sie herankommen. Dann werden sie nämlich im Schnitt zwölf Tage lang mit unnatürlich großen Nahrungsmengen, bestehend aus 95 Prozent Mais und 5 Prozent Schweineschmalz, so vollgestopft, dass ihre Leber bis auf das Drei- bis Sechsfache angeschwollen ist. Danach werden sie, bevor sie ob dieser Prozedur von selbst sterben würden, geschlachtet und ihre Lebern den Gourmets dieser Welt zugeführt.

Noch 2004 wurden 120 Tonnen Foie gras – so nennt sich die Delikatesse – von Deutschland importiert und den Gourmets zugeführt. Wir fragen uns, wo diese unverbesserlichen gedankenlosen „Genießer" sind, und wir wünschen uns die Gegenüberstellung eines gerade Foie gras verzehrenden Gourmets mit einem Tier, das mit Futterbrei gestopft wird und wahrscheinlich Todesängste aussteht. Vielleicht würden sie dann statt ihren Gourmetgaumen ausnahmsweise einmal ihr hoffentlich noch vorhandenes Gehirn arbeiten lassen.

Die Menschenwelt

Die menschliche Gesellschaft

Der Mensch vermag sich zwar Fragen nach ethischen Grundsätzen des Zusammenlebens zu stellen, ist offensichtlich aber nicht in der Lage, die richtigen Antworten zu finden und danach zu handeln. Ihm gelingt es nicht einmal, für sieben Milliarden Artgenossen ein halbwegs erträgliches Leben zu organisieren. Obgleich unser Planet, jedenfalls nach nahezu einstimmiger Meinung der Experten, seine Bewohner hinreichend mit Lebensmitteln versorgen könnte, leiden 700 bis 800 Millionen Hunger, täglich, stündlich, ständig.

„Der Luxus weniger ist das Elend vieler. Doch solange die vielen den Luxus selber gerne hätten, verdienen sie nichts weniger als Gerechtigkeit."[5]

Manch einer verhält sich so, als existierte und drehte sich die Erde seinetwegen.

„Martin Winterkorn setzt unter Deutschlands Konzernchefs die Maßstäbe – auch beim Gehalt", schreibt Spiegel Online. Wir fragen, was in dem Kontext „auch" bedeutet. Etwa zusätzlich zum Betrug von Staat, Autofahrern und allen, die um den Erhalt einer sauberen Umwelt bemüht sind?

Wer der Werbung im Fernsehen nur eine Minute zusieht, der muss zu der Überzeugung kommen, dass die Umworbenen nicht den Verstand verloren haben; sie können ihn eigentlich noch nie besessen haben.

Elite Partner: Die Partnervermittlung für Akademiker (gerne mit Niveau) und Singles mit Niveau (gerne Akademiker, auch abgebrochene).

Die schlechten Autofahrer sitzen meist nicht mit am Tisch.

Eigentlich sollten wir in der Lage sein, zu wissen, was wir tun, aber wir tun es nicht, wir wissen nicht, was wir tun.

N24-Ticker vom 25.9.2016: Syrien: Mehr als 180 Tote nach dem Zusammenbruch des Waffenstillstands – Hamburger SV trennt sich von Trainer Labbadia.

In Anlehnung an Lukas (23, 34) „Jesus aber sprach: ,Vater, vergib ihnen, sie wissen nicht, was sie tun'": O Herr, vergib ihnen, denn sie wissen, was sie tun!

In Deutschland sterben mehr Menschen durch Selbstmord als durch terroristische Anschläge. Eigentlich müsste man die größte Angst vor sich selbst haben.

Unsere Werte baden gerne lau (in Anlehnung an Herbert Wehner: „Der Herr badet gerne lau" über Willy Brandt, während eines Moskauaufenthalts im Sommer 1973).

Alle 11 Minuten verliebt sich ein Single über Parship – jede Minute sterben 11 Kinder an Hunger und vermeidbaren Krankheiten (Unicef 2015).

„Mit ihrem Latein ist die Welt am Ende. Einmal wird sie es auch mit ihrem Englisch sein, sagt Karlheinz Deschner."[5]

Irgendwann wird jeder Mensch der letzte sein, der zu ihm hält.

Wer stets seiner eigenen Meinung ist, hat es leichter im Leben, in Anlehnung an Hans Kaspar[6]: „Natürlich kann man es sich leicht machen und immer aufseiten der eigenen Meinung sein."

Es fällt auf, dass viele, nicht alle, aber viele, die bei jeder ihnen geeignet erscheinenden Gelegenheit die westlichen Werte ins Feld führen und sich dabei auf das Christentum berufen, noch nie etwas von der neuen Gerechtigkeit der Bergpredigt gehört haben können.

Ich weiß nicht, wer ich bin, ich weiß nur, dass ich anders bin als die anderen.

Paragrafen reinigen keine Köpfe.

Es gibt keine Freiheit ohne Verantwortung und Rücksicht, umgekehrt erzeugt Freiheit ohne Verantwortung und Rücksicht Unfreiheit.

„Fanatismus (ob politisch oder religiös begründet) ist die Willenskraft der Dummen, derer, die zu allem fähig sind, sonst aber zu nichts."[6]

Die Gehirne derjenigen, die 20 Stunden und mehr in Schlafsäcken im Freien verbringen, um die Auslieferung des neuesten Smartphones nicht zu verpassen, müssen durchlöchert sein; höchstwahrscheinlich durch die Emissionen des Vorgängermodells.

Unser früherer Justizminister Heiko Maas wollte Geschlechter diskriminierende Werbung verbieten, sexistische Werbung also, die Menschen auf reine Sexobjekte reduziert, Männlein wie Weiblein, wobei Letztere, bisher jedenfalls, ziemlich vorne liegen. Dieses Vorhaben war kaum kommuniziert, da rief es auch schon die Freiheitlichen auf den Plan: Die Pläne zum Verbot von Nacktheit und sexualisierter Werbung seien „ja wohl an Spießigkeit kaum zu überbieten", so der FDP-Vorsitzende Christian Lindner. „Die Verhüllung von Frauen zur Bändigung von Männern zu fordern, das kannte man von radikalen islamischen Religionsführern, aber nicht vom deutschen Justizminister." Sex sells! Viel Sex, viele Klicks! Auf die freie Marktwirtschaft! Es kann eigentlich nicht wahr sein, es ist aber wahr: „Erst Böhmermanns Satire, jetzt unsere Sexualität", schrieb Welt Online, was die Spiegel-online-Kolumnistin Margarete Stokowski zu dem sarkastischen Kommentar veranlasste: „Erst darf man nicht mehr lachen, und dann darf man nicht mehr vögeln. Skandal!"

„... sie aßen, sie tranken, sie freiten, sie ließen sich freien bis auf den Tag, da Noah in die Arche ging, und die Sintflut kam und brachte sie alle um" (Matthäus 24, 38). Martin Luther, der im Jahr 2017 gefeiert wurde, sah das – zitiert nach Wikipedia – „als Gottes gerechte Strafe für den Abfall aller Menschen von Gott, der sich ... vor allem durch ‚Mischehen' mit den ungläubigen Nachkommen Kains ausdrückte." Oje! Wenn wir das so lesen, dann ist es tatsächlich höchste Zeit für eine neue Flut, sind doch inzwischen nicht nur Mischehen, sondern auch Ehen zwischen allen möglich. Im Übrigen halten wir die Bezeichnung „Ehe für alle" für ziemlich daneben. Es geht schließlich um die Ehe zwischen Lesben und um die Ehe zwischen Schwulen. Lesben und Heteros, Schwule und Heteras, Heteros und Heteras durften schließlich schon immer heiraten, jedenfalls hat nie jemand jemals danach gekräht.

Schon vernimmt man allenthalben den Ruf nach mehr Fachkräften, nach mehr Personal in der Alten- und Krankenpflege, nach mehr Sicherheitskräften bei der Polizei und für den IT-Bereich, nach generell mehr Computerspezialisten, nach Handwerkern jeglicher Fachrichtung. Wir fragen uns, wo die alle herkommen sollen. 8.000 Pflegekräfte sollen beispielsweise eingestellt werden, verlangt die neue Regierung Anfang 2018. Abgesehen davon, dass dieses Vorhaben im Grunde ein makabrer Scherz, gewissermaßen ein Treppenwitz ist – es existieren immerhin 13.500 Pflegeheime und in etwa genauso viele ambulante Pflegedienste –, fragen wir uns, woher die ganzen Menschen kommen sollen. 15.000 Polizisten sollen eingestellt werden, nachdem jahrelang ein Wettbewerb um Personaleinsparungen stattgefunden hat: Kostenreduzierung bedeutete stets Personalreduzierung, jedenfalls vorrangig. Im Übrigen glauben wir, dass es Zeit wird, den Pflegeberuf höher wertzuschätzen. Im Gegenzug könnte man die Wertschätzung beispielsweise des Finanzberaters, Börsenmaklers und die der ganzen Sippe der Finanzjongleure und Rechtsverdreher reduzieren. Aber würden wir unseren Kindern und Enkeln wirklich raten, den Pflegeberuf zu ergreifen, statt Banker zu werden? Keine einfache Frage.

Problematisch ist nicht die Verkleinerung der Gesellschaft an sich, sondern die damit einhergehende Überalterung, die nicht nur durch die niedrige Geburtenrate, sondern auch durch eine stetig steigende Lebenserwartung verursacht wird. Derzeit macht die Bevölkerungsgruppe der über 60-Jährigen etwa 21,8 Prozent aus. Nach Modellrechnungen wird dieser Anteil bis zum Jahr 2050 auf über 40 Prozent steigen. Angesichts solcher Zahlen erscheint die Aufrechterhaltung des heutigen Rentensystems als illusorisch. Eine massive Abnahme des Wohlstandsniveaus wird die Folge sein. Unsere Politiker handeln nicht danach. Das ist nicht sehr verwunderlich, sie haben schließlich auch den gegenwärtigen Lehrermangel verschlafen.

Thematisiert man das Gehalt der Vorstände unserer Unternehmen, erhält man schnell den Vorwurf, man wolle eine Neiddebatte führen. Wir denken, es sollte niemand neidisch sein auf Menschen, die Verantwortung tragen und dafür adäquat entlohnt werden. Die Betonung liegt aber eben auf adäquat, wir würden auch ganz altmodisch sagen: anständig entlohnt. Gehälter von Vorstandmitgliedern, die das Vielfache, das 100-fache und mehr der Gehälter ihrer Mitarbeiter ausmachen, sind nicht nur nicht adäquat, sie sind unanständig all denen gegenüber, die sich mit der ihnen zur Verfügung stehenden Kraft für den Erfolg des Unternehmens einsetzen. Wir denken, in der Regel sind das die meisten. Aber auch hier liegt der Fehler eher im System als bei Einzelnen. Insofern ist auch Martin Winterkorn von persönlicher Schuld freigesprochen.

„... und Gott segnete sie und sprach zu ihnen: ‚Seid fruchtbar und mehret euch und füllet die Erde und machet sie euch untertan und herrschet über die Fische im Meer und über die Vögel des Himmels und über alles Lebendige, was auf Erden kriecht!'" Nichts hat der Mensch ernster genommen und konsequenter verfolgt als diesen Auftrag seines Schöpfers. Und so sieht sie denn heute auch aus, die Erde, die es sich untertan gemacht hat, das Geschöpf nach dem Bilde Gottes. Wenn der Schöpfer sich das Ergebnis seines Schöpfungsaktes heute ansehen würde, müsste er eigentlich einen Restart durchzuführen, etwa so, wie damals mit der Sintflut, als er alles, was da flog und kroch, einschließlich des Menschen, bis auf ein Exemplar von jeder Art, absaufen ließ.

Wir Menschen haben es fertiggebracht, auf den Mond zu fliegen und landen wahrscheinlich in überschaubarer Zeit auf dem Mars, wir haben Erstaunliches hervorgebracht und angehäuft im Laufe unserer Zeit, bewundernswerte Kunstwerke, bemerkenswertes Wissen und erstaunliche technische Fertigkeiten. Wir haben den Abstand zu unseren evolutionären Vorfahren mit atemberaubender Geschwindigkeit vergrößert. Wir haben allerdings auch sehr viel Unheil angerichtet und stiften weiterhin viel, sodass es trotz unserer Intelligenz nicht völlig unwahrscheinlich erscheint, dass wir unseren eigenen Untergang herbeiführen.

Horst Seehofer (*1949) nannte die Migration „die Mutter aller Probleme." Der Bundesminister des Innern, für Bau und Heimat seit 2018 ist – war zumindest – zwar nicht der Vater aller Probleme, aber doch der der GroKo und der CSU. Der Vater aller Probleme hingegen ist dann doch eher Homo sapiens persönlich, also gewissermaßen alle Seehofers dieser Welt.

Schon seit Längerem rumort es wieder einmal von ziemlich rechts außen im Land der Dichter und Denker. Und unsere Politiker und die Gesamtheit der sozialen Medien führen eine semantische Debatte, streiten um Begriffe und Worte. Mob, Hetzjagd, Pogrom?

Mob: Leitet sich vom lateinischen „mobile vulgus" („aufgewiegelte Volksmenge") her, bezeichnet eine Masse aus Personen des einfachen Volkes bzw. eine sich zusammenrottende Menschenmenge mit überwiegend niedrigem Bildungs- und Sozialniveau (abwertend auch gemeines Volk, Pöbel, Plebs, Gesindel).

Hetzjagd: Die potenzielle **Beute** wird so lange verfolgt (gehetzt), bis sie nicht mehr entweichen kann. Die Beute ist entweder erschöpft und damit gestellt, sodass sie erlegt werden kann – oder aber sie wird eingeholt und wird gefangen oder zu Boden gebracht und überwältigt.

Pogrom: Hergeleitet vom russischen „gromit" („gewalttätig zerstören, zerschlagen"), mit Vorsilbe „po-" hat es eine Vielzahl von Bedeutungen, unter anderem für „laut". Das Substantiv „Pogrom" wurde ursprünglich als Bezeichnung für die Massaker verwendet, die in Russland an Juden begangen wurden. Später wurde der Begriff verallgemeinert und steht heute für Ausschreitungen gegen Minderheiten.

Michael Kretschmer (*1975), seit 13. Dezember 2017 Ministerpräsident des Freistaates Sachsen, sagte anlässlich der Ausschreitungen in Chemnitz 2018: „Es gab keinen Mob, es gab keine Hetzjagd, es gab keine Pogrome." Gab es nun einen Mob, gab es eine Hetzjagd, gab es Pogrome? Ohne uns an der semantischen Deutung beteiligen zu wollen, die wahrscheinlich kaum ein halbwegs gradlinig denkender Zeitgenosse nachvollziehen kann: Wenn nicht alle Bilder, die uns gezeigt wurden, gefälscht waren, gab es einen Mob, gab es Hetzjagden und gab es Pogrome.

Dazu passend Alexander Gauland, neben Alice Weidel der zweite Fraktionsvorsitzende der AfD im Deutschen Bundestag: „Da wir ja nun offensichtlich drittstärkste Partei sind, kann sich diese Bundesregierung … warm anziehen. Wir werden sie jagen, wir werden Frau Merkel oder wen auch immer jagen – und wir werden uns unser Land und unser Volk zurückholen."

Keine Denkmäler, aber Worte der Schande: Gaulands Kollegin Alice Weidel schrieb in einer E-Mail über die Regierung Merkel: „Diese Schweine sind nichts anderes als Marionetten der Siegermächte des 2. WK und haben die Aufgabe, das deutsche Volk klein zu halten, indem molekulare Bürgerkriege in den Ballungszentren durch Überfremdung induziert werden sollen."

Peter Boehringer, für die AfD im Deutschen Bundestag, seit dem 31. Januar 2018 Vorsitzender des Haushaltsausschusses, spricht von einer „supranationalen Befehlen gehorchende[n] BRD-Führungsclique, inzwischen krimineller als die kommunistische der DDR."

Im Zusammenhang mit der Flüchtlingskrise und ihren Folgen fallen Worte wie „Vermischung", „Umvolkung" oder „Volkstod".

Und weiter: Die deutsche „Volksgemeinschaft" leide „unter einem Befall von Schmarotzern und Parasiten", welche dem deutschen Volk „das Fleisch von den Knochen fressen."

Armin-Paul Hampel, AfD-Chef in Niedersachsen: „Andere Parteien wollen Zuwanderung nur, damit die Deutschen in einem großen europäischen Brei aufgehen."

Dubravko Mandic, Vorsitzender des baden-württembergischen AfD-Schiedsgerichts, nannte den vormaligen US-Präsident Barack Obama „Quotenneger".

Der vermeintlich große Unterschied

Nach dem Dinosaurier kam endlich der Mensch, zwar nicht unmittelbar, aber dann doch bald und dann auch noch ziemlich heftig.

Geist ist die Gesamtheit der emotionalen und kognitiven Informationen und Fähigkeiten, über die ein Lebewesen verfügt.

Wenn es um das Bewusstsein, allgemein die Gefühlswelt und das geistige Vermögen geht, fällt die Akzeptanz der abgestuften biologischen Evolution meistens nicht so leicht, jedenfalls denjenigen Mitmenschen nicht, die immer noch an die Sonderrolle des nach dem Ebenbilde Gottes erschaffenen Menschen glauben. Aber auch der Geist fiel nicht vom Himmel. Emotionales Erleben und geistiges Vermögen haben wie der Körperbau eine evolutionäre Entwicklung durchlaufen. Das steht fest. Sämtliche geistigen Verrenkungen, die dazu dienen, diese inzwischen wissenschaftlich untermauerte Tatsache zu leugnen, mit allerlei Legenden zu umgehen oder komplizierter zu machen als notwendig, sollten eigentlich der Vergangenheit angehören

Die aktuelle Neurowissenschaft ist davon überzeugt, dass sie das menschliche Konnektom – den Schaltplan von Billionen Kontakten zwischen den 100 Milliarden Nervenzellen des Gehirns – eines Tages darstellen kann. Auch wenn mit einem vollständig bekannten Konnektom noch keine Simulation des Organismus möglich ist und für die Ermittlung der Dynamik der Verbindungen noch einige Zeit ins Land gehen wird, scheint es sicher, dass die Wissenschaft eines Tages unser Gehirn als Träger sämtlicher emotionaler und kognitiver Informationen und Fähigkeiten entschlüsseln und damit auch als Träger der sterblichen Seele ausmachen wird.

Der Mensch, nur allzu menschlich

Der Begriff „menschlich" wird üblicherweise normativ verstanden, impliziert also Vorstellungen darüber, wie der Mensch sein solle oder seiner wahren Natur oder ideellen Bestimmung nach sei. Unter dieser Voraussetzung bezeichnet die Vokabel nur jene Züge des Menschen, die im Rahmen der jeweils geltenden Weltanschauung, zum Beispiel der des Humanismus oder des Christentums, als richtig oder gut gelten. Allgemeiner verstanden bedeutet der Begriff „menschlich" so viel wie „alles, was Menschen eigen ist". In dem Sinne wäre „menschliches Verhalten" also „jedes empirisch beobachtbare Verhalten von Menschen".

Uns interessiert weniger der normative als der „menschliche" Mensch, der reale Mensch, der Mensch, so wie er ist und handelt. So lassen sich eher Schlüsse ziehen darüber, was einmal werden wird aus dieser Spezies und ihrem Lebensraum.

Der Kriegmacher

Ja, der Einsatz von Chemiewaffen ist ein Kriegsverbrechen; und der ganze übrige Krieg auch.

Ja, der Krieg ist ein Kriegsverbrechen. „Wenn Menschen fallen, steigen die Preise"[6] sagte Karlheinz Deschner. Die Aktien ebenso, fügen wir hinzu.

Der Krieg sei ausgebrochen, liest man. Aber Krieg ist kein Naturereignis, er bricht nicht aus, er wird angezettelt und begonnen von einer Spezies, die sich als Ebenbild Gottes wähnt.

In Ergänzung zu Karlheinz Deschner[5]: Solange es noch Modellbausätze für Panzer gibt, wird es keinen Frieden geben auf dieser Welt, denn „[k]ein Bibelwort hat mich mehr überzeugt, keines durch zwei Jahrtausende so an Gewicht gewonnen wie Lukas 13,3: Wenn ihr euren Sinn nicht ändert, kommt ihr alle ebenso um."

Die ganz großen Kriege, der Erste Weltkrieg, der Zweite Weltkrieg, der Koreakrieg, der Vietnamkrieg und die Golfkriege liegen nicht sehr weit zurück. Der Mensch hat offensichtlich nichts aus der Geschichte gelernt. Man kann es, wie Karlheinz Deschner, auch scharfzüngiger formulieren:[5] „Die Tatsache, dass man nichts aus der Geschichte gelernt hat, heißt nicht, der Geschichtsunterricht habe sich nicht bewährt. Im Gegenteil."

Dass der Mensch nichts aus der Geschichte gelernt habe, liest und hört man. Das Gegenteil ist richtig. Wie könnte er sonst nicht aufhören, die Geschichte immer und immer wieder zu wiederholen?

Am 31. Juli 1945 war die drei Meter lange und vier Tonnen schwere Uranbombe mit einer Sprengkraft von knapp 13 KT einsatzbereit. „Little Boy", kleiner Junge, hatten sie sie getauft. Eine ausgesprochen infame Bezeichnung für ein Gerät, das in der Lage war, Tausenden kleiner Jungen entweder den direkten oder einen qualvollen Tod zu bringen.

„Allmächtiger Vater, der Du die Gebete jener erhörst, die Dich lieben, wir bitten Dich, denen beizustehen, die sich in die Höhen Deines Himmels wagen und den Kampf bis zu unseren Feinden vortragen. Wir bitten Dich, dass das Ende dieses Krieges nun bald kommt und dass wir wieder einmal Frieden auf Erden haben. Mögen die Männer, die in dieser Nacht den Flug unternehmen, sicher in deiner Hut sein, und mögen sie unversehrt zu uns zurückkehren. Wir werden im Vertrauen auf Dich weiter unseren Weg gehen; denn wir wissen, dass wir jetzt und für alle Ewigkeit unter Deinem Schutz stehen. Amen". Keine Bitte für die unzähligen unschuldigen Frauen und Kinder und Männer, denen dieses Unternehmen, wenn sie nicht gleich starben, ein schreckliches Dahinsiechen bescherte: Haarausfall, allgemeine Schwäche, Diarrhö, Anämie, Blutungen aus Nase, Mund, Zahnfleisch und Rektum, Blut aus allen Körperöffnungen. Wir denken, dieser Kirchenmann konnte unmöglich gewusst haben, was den Menschen Japans bevorstand. Oder vielleicht doch? Nach allem, was diese Art von Prediger schon verbrochen hat, wäre es nicht einmal verwunderlich. Falls der Teil des Gebetes, der die japanischen Kinder und Frauen mit eingeschlossen hat, uns nicht zugänglich geworden ist, entschuldigen wir uns in aller Form bei dem Schlachtfeldgeistlichen.

Am 13. April 2017 ist sie endlich zum Einsatz gekommen, die Mutter aller Bomben – Mother of All Bombs. Offiziell heißt sie „Massive Ordnance Air Blast", was etwa „massive Fliegerbombe" bedeutet. Sie enthält 8500 Kilogramm Sprengstoff und hat eine Sprengkraft, die der von elf Tonnen TNT entspricht. Sie ist mehr als neun Meter lang und hat einen Durchmesser von 103 Zentimeter. Ursprünglich wurde sie für den Irak-Krieg entwickelt, um unterirdische Bunkeranlagen zerstören zu können. Die militärische Bedeutung der Bombe ist allerdings umstritten. Die größte nichtnukleare Bombe des US-amerikanischen Waffenarsenals gilt wegen ihrer schieren Größe und der enormen Druckwelle in erster Linie als Mittel der psychologischen Kriegsführung. 2017 wurde sie über Afghanistan, in einer an Pakistan angrenzenden Provinz gezündet. Ziel war ein vom IS genutzter Tunnelkomplex. Angeblich sind bei dem Einsatz 94 Kämpfer des IS getötet worden. Nur nebenbei, die Kosten für das gute Stück sollen bei nicht ganz 16 Millionen US-Dollar liegen, macht gut 170.000 für einen IS-Kämpfer. Das geht eigentlich noch. 170.000 sind für einen Gefährder hierzulande schnell ausgegeben! Die Bombe ist seit 2003 einsatzbereit. Sie ist zwar die größte aller Bombenmütter, aber nicht die größte aller Bomben, denn die größte aller Bomben ist ein Vater und der stammt aus Russland. Dieser Vater aller Bomben, FOAB, verfügt nämlich über eine Sprengkraft von 44 Tonnen TNT und wurde bereits im Jahr des Herrn 2007 das erste Mal gezündet. Es ist schon merkwürdig, bei derartigen Gelegenheiten, also dem Abwurf der Bombenmutter, erfährt man eher zufällig, dass es als Widerpart also auch einen Bombenvater gibt. Ob Trump den Einsatzbefehl gegeben habe, wird in den Gazetten gefragt. Glaubt denn wirklich einer, Nicholson – US-General John Nicholson, seinerzeit Oberbefehlshaber der US-Streitkräfte in Afghanistan, der den Einsatzbefehl gab – habe die Bombe ohne Trumps Zustimmung geworfen? Der wollte schon immer „die Scheiße aus ihnen herausbomben", aus den Dschihadisten, versteht sich. Gut, das ist keine ganz präsidiale Ausdrucksweise. Sie stammt zu Trumps Entschuldigung noch aus Wahlkampfzeiten. Da darf mal schon mal Scheiße sagen, auch als zukünftiger Präsident der USA, dem Vater aller Präsidenten, FOAP.

Im Übrigen, das Oberhaupt der katholischen Kirche, Papst Franziskus, schämt sich für die Bombenmutter – vom Vater hatte er wahrscheinlich auch noch nichts gehört. Bei der Audienz anlässlich eines nationalen Schülertreffens für den Frieden sagte er: „Ich habe mich geschämt für den Namen einer Bombe: Mutter aller Bomben. Man stelle sich vor: Eine Mama schenkt doch eigentlich Leben – und diese bringt den Tod! Und wir nennen so einen Apparat Mama? Was ist da los?" Es ist nicht mehr als logisch, dass sich der Papst entschuldigt. Er macht das quasi stellvertretend für seinen Chef, dessen ziemlich missratener Geschöpfe wegen. Es ist aber schon einigermaßen verwunderlich, dass sich Franziskus wundert ob dieses Bombennamens. Haben sie doch der ersten Atombombe, die am Montag, den 16. Juli 1945, heller als tausend Sterne über der Wüste von Alamagordo leuchtete, den Namen Trinity gegeben, also implizit auch den Namen seines Gottes.

Der habgierige Mensch

„Genug ist nicht genug. Zehn Prozent und man kann sie haben. Zwanzig Prozent und sie werden lebhaft. 50 Prozent positiv waghalsig. Für 100 Prozent stampft man alle menschlichen Gesetze unter den Fuß. 300 Prozent und es gibt kein Verbrechen, das man nicht wagt, selbst auf die Gefahr des Galgens", so Karlheinz Deschner in Berufung auf ein Marx-Wort.[5]

Keinen Rat hat die Geschäftswelt seit zwei Jahrtausenden mehr befolgt als den des Horaz: „Verdiene Geld, wenn du kannst, auf anständige und ehrliche Weise. Falls nicht, verdiene es irgendwie."[5]

„… In der Tat, Adam Smith, der große Nationalökonom, hat nie erfahren, dass die, die vorgeben, im öffentlichen Interesse zu handeln, zum Gemeinwohl etwas beigetragen haben. Smith starb vor 200 Jahren. Hätte er es vor 400 Jahren anders gefunden? Oder heute?"[5]

Nachdem Martin Winterkorn die VW-Karre um ein Haar in den Dreck gezogen hatte und zurückgetreten war, ging es, wie in solchen Fällen offenbar allgemein üblich, um die Abfindung. Das Präsidium des Aufsichtsrats – ein Ausschuss, der sich unter anderem mit Vertragsangelegenheiten des Vorstandes befasst und Beschlüsse vorbereitet – beeilte sich schon mal, dem Herrn Winterkorn überragende Leistungen und Unkenntnis der Abgasmanipulationen zu bescheinigen. Wohl nach dem Motto: Wenn der nichts kriegt, dann kriegen wir möglicherweise auch nichts. Winterkorn hat angeblich Anspruch auf eine Abfindung im Wert von zwei Jahresvergütungen, falls sein Abgang nicht auf eigenem Fehlverhalten beruht. Er sei sich „keiner Schuld bewusst" und „einzig im Interesse des Unternehmens" gegangen, beeilte er sich zu sagen, wohl die wackelnden Millionen vor Augen. Wir wissen nicht einmal, wie es ausgegangen ist, das Abfindungsspiel, es ist auch ziemlich zweitrangig. Uns geht es im vorliegenden Zusammenhang um die Raffgier. Winterkorn, so leid uns dieses Urteil auch tut, ist raffgierig, sonst hätte er diese Diskussion erst gar nicht aufkommen lassen dürfen.

Nur zur Ergänzung: Winterkorn hat unabhängig von der Abfindung Pensionsansprüche in Höhe von 28,6 Millionen Euro. Die kann ihm und will ihm natürlich keiner nehmen. Er wird dazu auch schon noch weitere Schäfchen im Trockenen haben. Aber gehen wir einmal vorsichtig von 30 Millionen aus, nach Steuern, aus Abfindung und Pensionsansprüchen. Martin Winterkorn hat versicherungstechnisch, also statistisch, nicht mehr ganz 15 Jahre zu leben. Sein Todestag wäre nämlich statistisch gesehen der 12.1.2031. Er hätte also nur zwei Millionen pro Jahr und ohne Abfindung nur eine. Das ist tatsächlich eine Zumutung.

Das sind gut 80.000 Euro pro Monat. Wir denken ganz kurz an die durchschnittlichen Einkommensbezieher, an die Männer und Frauen, die mit Hungerlöhnen abgespeist werden, die entlassen und als Leiharbeiter mit weniger Recht und weniger Lohn weiterarbeiten dürfen, die mit einem Einkommen nicht mehr auskommen, wir denken auch an die Rentnerinnen und Rentner, die kaum noch die steigendenden Mieten bezahlen können – 900.000 Rentnerinnen und Rentner arbeiten noch, wenn auch teilweise freiwillig –, an den Familienvater, der kaum noch zurechtkommt, die Frisörin, die mit 1000 Euro abgespeist wird.

Habgier im Alter ist eine Narrheit. Vergrößert man denn seinen Reiseproviant, wenn man sich dem Ziel nähert? So fragte der römische Philosoph Cicero (*106 v. Chr.; †43 v. Chr.). Cicero war ein weiser Mann, Winterkorn nicht einmal klug, aber sicher intelligent und habgierig.

„Nichts genügt demjenigen, dem das, was genügt, zu wenig ist", so der griechischer Philosoph Epikur (*341 v. Chr.; †270 v. Chr.).

Manager legen ein Verhalten an den Tag, wie es Forscher bei Kapuzineräffchen beobachtet haben. Zwar ging es da um Gurken und Weintrauben, die Reaktion war aber die gleiche: Warum kriegt der mehr als ich? Als die Managergehälter offengelegt wurden, ging der fröhliche Reigen um mehr Geld los.

Zeitweilig soll Uni Hoeneß Transaktionen im dreistelligen Millionenbereich getätigt haben. Der erwirtschaftete Gewinn lag 2003 bei 52 Millionen Euro und 2005 bei 78 Millionen. Binnen eines Jahrzehnts hatte der Manager des FC Bayern über 52.000 Transaktionen getätigt. Okay, aber warum Steuern hinterziehen? Vergegenwärtigen wir uns den Rat des Horaz am Anfang dieses Kapitels. Und hat Hoeneß sich nicht entlastet mit seinen Spenden für soziale Zwecke in Höhe von fünf Millionen? Großzügig ist das wohl. Aber Steuerhinterziehung ist Steuerhinterziehung, und Spenden sind Spenden. So einfach ist das.

Alice Schwarzer ist eine streitbare und intelligente Frau, aber offenbar zu dämlich, um Steuern zu hinterziehen. Warum aber überhaupt Steuerhinterziehung? War sie von allen guten Geistern verlassen? War sie schlecht beraten? Konnte sie nicht genug kriegen? Die Frauenrechtlerin hatte Geld in der Schweiz gebunkert – angeblich vier Millionen Euro – und nicht versteuert. Nach ihren Worten war das Bunkergeld für eine Zeit gedacht, in der sie möglicherweise aufgrund von Anfeindungen ins Ausland gehen müsse: „Gründe, die an den Haaren herbeigezerrt werden, sind immer die ersten, die eine Glatze bekommen" (Martin Kessel[6]).

Wenn es stimmt, musste sie 200.000 Euro Steuern nachzahlen. Und sie hat gespendet, sagt man, eine Million Euro. Okay, dann hat sie sich wenigstens auch noch beim Spenden erwischen lassen.

Der betrügerische Mensch

Karl Theodor zu Guttenberg war nach dem Abitur Gebirgsjäger im Bataillon 233 in Mittenwald und bei seiner Verabschiedung immerhin Unteroffizier der Reserve. Nach einer späteren Wehrübung wurde er sogar Stabsunteroffizier. Eine solche militärische Karriere miterleben zu müssen ist für andere Soldaten extrem frustrierend. Kein Feldwebel zu werden und dann auch noch die Schnösel erleben zu müssen, die trotz ihres soldatischen Unvermögens, nur dank ihres Abiturs, innerhalb von zwei Jahren an ihrem Grad vorbeizogen. Bei Karl-Theodor Maria Nikolaus Johann Jacob Philipp Franz Joseph Sylvester hat diese traumatische Soldatenkarriere offenbar keinen psychischen Defekt hinterlassen. Im Gegenteil, sie war sein Sprungbrett zum Verteidigungsminister. Er konnte mitreden, nicht nur mit den Generälen, sondern auch mit denen von ziemlich weit unten.

1999 schloss der Freiherr das Studium der Rechtswissenschaft mit der Ersten Juristischen Staatsprüfung und der Note „befriedigend" ab. Das war nicht gerade eine Glanzleistung für den Freiherrn. Da musste noch etwas her für die Karriere. Promotion, also Doktortitel, das schien adäquat für den Freiherren. Also begann er die Promotion. Seine Dissertation hatte den Titel „Verfassung und Verfassungsvertrag. Konstitutionelle Entwicklungsstufen in den USA und der EU." Die Dissertation wurde 2006 durch die Rechts- und Wirtschaftswissenschaftliche Fakultät der Universität Bayreuth angenommen. Am 27. Februar 2007 bestand Guttenberg die mündliche Doktorprüfung und erhielt die Gesamtnote summa cum laude, also die beste Note, die für Promotionen zu vergeben ist. Das ist sehr erstaunlich, wenn man weiß, was man inzwischen weiß. Die Vermutung, dass einige der honorigen Universitären geschlafen oder möglichweise auch zwei Augen zugedrückt haben, ist jedenfalls nicht ohne Weiteres von der Hand zu weisen. Auf Antrag durfte Gutenberg ab dem 7. Mai 2007 den Titel Dr. jur. führen, vorläufig. Wir wissen nicht, ob es üblich ist, einen noch im Werden befindlichen Doktortitel schon vor sich herzutragen. Wir zum Beispiel kämen nicht einmal auf die Idee, wir hätten uns tatsächlich geschämt ob dieser Idee, wenn auch Scham nicht mehr zu den geläufigen Vokabeln in unserer Gesellschaft zählt. Aber gut, wir sind ja auch keine freien Herren. „Wer sich mit unseren Vorbildern beschäftigt, muss sich um seine Kinder sorgen."[5]

Am 20. Februar 2013 reichte Annette Schavan, schon nicht mehr Dr. phil. Annette Schavan, beim Verwaltungsgericht Düsseldorf ihre Anfechtungsklage gegen die Aberkennung ihrer Doktorwürde ein. Diese wurde abgewiesen. Quasi als Entschädigung erhielt Schavan die Ehrendoktorwürde der Universität

Lübeck. Unabhängig von dem Grund dafür, der uns im vorliegenden Kontext auch nicht interessiert: Diesen Doktorhut hätte sie eigentlich ablehnen müssen. Das wäre jedenfalls ehrenwerter gewesen und passender zu ihrer nicht ganz gelungenen Dissertation über, man lese und staune: „Person und Gewissen – Studien zu Voraussetzungen, Notwendigkeit und Erfordernissen heutiger Gewissensbildung". Die Entscheidung der Verleiher und die der Empfangenden gerieten verständlicherweise in die Kritik. Aber was soll's, Dr. h. c. Annette Schavan hörte sich ja auch ganz gut an. Und das Schmierentheater war noch nicht zu Ende. Im Februar 2014 wurde Schavan als deutsche Botschafterin beim Heiligen Stuhl vorgeschlagen. Sie war durchaus bereit, den Job anzunehmen, aber jetzt widersetzten sich auch noch ihre besten Freunde: Das Forum Deutscher Katholiken stufte die Berufung als „Affront gegenüber der katholischen Kirche" ein. Der Personalrat des Auswärtigen Amts kritisierte in einem internen Schreiben, dass Schavan über keinen Studienabschluss verfüge. Und den hatte sie tatsächlich nicht. Ihre „Promotion" war eine sogenannte grundsätzliche, die als Abschlussziel eines Studiums gewählt werden kann, jedenfalls seinerzeit gewählt werden konnte, und die war ihr gerade aberkannt worden. Damit fehlten ihr die Eingangsvoraussetzungen für den höheren Auswärtigen Dienst gemäß § 17 Abs. 5 Bundesbeamtengesetz: „Für die Zulassung zu den Laufbahnen des höheren Dienstes sind mindestens zu fordern 1. als Bildungsvoraussetzung a) ein mit einem Master abgeschlossenes Hochschulstudium oder b) ein gleichwertiger Abschluss …"). Ungeachtet dieser Einwände beschloss das Bundeskabinett am 7. Mai 2014 die Entsendung nicht auf den, aber zum Heiligen Stuhl nach Rom. Dort saß nun also Dr. h. c. Annette Schavan ohne Dr. phil. bis 2018 als Botschafterin. Was man da so macht, ohne anständigen Doktorhut, entzieht sich unserer Kenntnis

Sich nicht gezahlte Steuern vom Finanzamt zurückzahlen zu lassen ist nun einmal Betrug. Du sollst nicht stehlen, so heißt das siebte Gebot der Bibel, und auf christliche Wertevorstellungen berufen sich unsere Eliten schon gerne mal. Jedenfalls immer dann, wenn es ihnen in den Kram passt. Und unseres Wissens heißt es in den Gesetzestafeln vom Berge Sinai nicht etwa: „Du sollst nicht stehlen, ausgenommen Cum-Ex". Okay, wir wissen, es wird auch sonst betrogen und gelogen auf Teufel komm raus. Aber Cum-Ex ist nun einmal ein sehr schönes Beispiel für die Moral unsere Saubermänner und Krawattenhälse.

Der skrupellose Mensch

Es geht im Folgenden nicht um medizinische Probleme. Es geht um die vielen Sternchen, die, koste es, was es wolle, unbedingt einen Busen haben wollen, wie er ihnen an jeder Straßenecke und jeder Litfaßsäule, in beinahe jedem

Werbespot, in beinahe jedem Film, im Netz ständig, entgegenwippt. Dienstleister, die diese seltsamen Wünsche erfüllen, Busenklempner nennen wir sie, gibt es zuhauf. Und sie machen ordentlich Geld damit. In Deutschland werden pro Jahr ca. 25.000 Brüste vergrößert. Wir haben leider nicht in Erfahrung bringen können, ob es sich dabei um einzelne Brüste oder die weibliche Brust schlechthin handelt. Genaugenommen werden nämlich die paarigen Brüste als Busen bezeichnet. Soweit zur Aufklärung. Es ist also zu vermuten, dass es sich bei den 25.000 Fällen um Busen gehandelt hat, also 25.000 Frauen operiert wurden. Das durchschnittliche Alter der Patientinnen sinkt im Übrigen von Jahr zu Jahr. Die Hälfte der beispielsweise 2005 operierten Frauen war unter 25 Jahre und davon 2 Prozent unter 18 Jahre alt. 2010 waren 68 Prozent unter 25 Jahre alt, davon 9 Prozent unter 18. Zugleich stieg das durchschnittliche Volumen insgesamt von $320\ cm^3$ auf $495\ cm^3$, bei Frauen unter 25 Jahren sogar von $270\ cm^3$ auf $510\ cm^3$. Vielleicht hängt dieses Phänomen ja auch nur damit zusammen, dass die Frauen größer werden? Das wäre tatsächlich eine wissenschaftliche Untersuchung wert. Nur, damit Sie sich die Größenverhältnisse besser vorstellen können: $270\ cm^3$ entsprechen einer Halbkugel (idealisierte Brust) mit einem Radius von ca. 5 cm und $510\ cm^3$ einer Halbkugel mit einem Radius von 6,25 cm. Das ist eine Vergrößerung beim Radius um 25 Prozent in fünf Jahren. Es bleibt zu hoffen, dass sich die Wachstumsraten mit der Zeit beruhigen.

Aber es sind nicht einmal nur die Brüste, die zunehmend häufig unters Messer geraten. Man könnte fast schon geneigt sein, auszurufen: Brüste vergrößern war gestern, Schamlippen verkleinern ist heute. Falls sie, liebe Leserinnen, liebe Leser, davon noch nichts gehört haben sollten, befinden Sie sich nicht notwendig in schlechter Gesellschaft. Sie sind höchstens nicht auf dem Laufenden. Immer mehr Frauen wollen sich ihre Schamlippen verkleinern lassen. Dieser neue Trend hat auch einen Namen: „Barbie-Vagina". Damit wird wohl das letzte Schönheitsideal der Barbie-Welt in die reale übertragen. Barbie ist nämlich nicht nur schlank und wohl proportioniert, sie hat auch keine Schamlippen, eben eine Barbie-Vagina. Und die ist jetzt das Ziel der Wünsche. Eine Vagina ohne Schamlippen, gewissermaßen eine ohne Scham. Und gleich noch eine Zahl dazu: Weltweit wurden 2015 95.000 Schamlippen korrigiert. Wir nehmen an, ohne es genau zu wissen, es handelte sich dabei nicht um einzelne Lippen, sondern um Lippenpaare, ähnlich den Brüsten, oder anders ausgedrückt um 95.000, also knapp 100.000 betroffene Frauen. Kleiner, straffer und jünger soll er sein, der Intimbereich. Es gibt sogar Erklärungen für diesen Trend. Ein New Yorker Schönheitschirurg kleidet sie in eine Frage: „Wie viele nackte Frauen hat eine Frau in ihrem Leben gesehen, bevor es das Internet gab? Nicht viele – wenn es um die Genitalien geht." Okay, wir lassen das so stehen und akzeptieren die Emanzipation von einer unschönen Vagina. Im

Übrigen kosten Barbie-Vaginen zwischen 1.700 und 2.700 Euro.

Wirklich nicht weltbewegend ist, was wir über Selbstbefriedigung denken, vor 60 Jahren und heute. Vor 60 Jahren noch haben sie uns erzählt, wir würden blind, wenn wir es täten. Und unsere Erzieher und Religionslehrer haben es wahrscheinlich hundertfach am eigenen Leibe erfahren, dass sie nicht blind geworden sind und immer noch sehen können, zuweilen sogar bis in den Himmel. Dass sich auch weibliche Artgenossinnen befriedigen, davon haben sie uns nie etwas erzählt. Und heute? Heute gibt ein Professor Dr. Frank Sommer der Bild-Zeitung am 20. Juni 2017 ein Interview, in dem er als Leiter der angeblich größten Sex-Studie so Dinge von sich gibt wie: „Ja, Onanieren ist Schwellkörpertraining und damit gut für den Penis. Bis zum Orgasmus onanieren muss man allerdings nicht. Hat man nur wenige nächtliche Erektionen, kann man drei- bis fünfmal am Tag onanieren". Zwei Fragen hätten wir dazu. Woher kommt die obere Begrenzung? Wird man möglicherweise doch blind, wenn man es sechsmal macht? Ja, und wer onaniert eigentlich, ohne sich zu befriedigen? Okay, vielleicht ist das ja auch eine neue und modernere Art. Wir haben es allerdings noch auf die alt hergebrachte Weise gemacht. Und das war gut so, wie der ehemalige Partybürgermeister Berlins Klaus Wowereit sagen würde.

Ja, und dann hat sich der Herr Professor mit einer technisch extrem anspruchsvollen Methode befasst, die die nächtliche Erektionshäufigkeit des Mannes klären soll, um daraus die richtigen medizinischen Schlüsse ziehen zu können. Auf die Frage der Bild: „Wie finde ich heraus, ob meine nächtlichen Erektionen ausreichen?", antwortet Sommer: „Mit dem ganz einfachen Briefmarken-Test. Man[n] nimmt mehrere Briefmarken [Anzahl trivialerweise abhängig von der Größe, hier des Umfanges des Versuchsobjektes und natürlich von der Größe der Briefmarke] und legt sie angefeuchtet um den Penis herum, sodass sie einen Ring ergeben. Wenn sie am nächsten Morgen zerrissen sind, dann hatte Man[n] eine nächtliche Erektion". Okay, auch hier drängen sich Fragen auf. Erstens, wer hat eigentlich noch Briefmarken zu Hause im E-Mail-, WhatsApp- und Facebook-Zeitalter? Und muss sich der Erektionstester, der bei der Christel von der Post Briefmarken erstehen will, möglicherweise die Frage gefallen lassen: „Sondermarken oder einfache für den Penistest? Und wie viele benötigen Sie denn?" Ja, und dann bleibt noch die Frage, wer eigentlich die Briefmarken zusammenklebt, um die – jedenfalls potenzielle – zweite Erektion feststellen zu können.

Der grausame Mensch

Die Inquisitoren waren, jedenfalls zunächst, meistens Bischöfe oder Ordensleute. Aber die waren wohl nicht in der Lage, ihr teuflisches Handwerk ordnungsgemäß durchzuführen. Im Jahre des Herrn 1227 nämlich kümmerte sich Papa selbst um die Angelegenheit. Papst Gregor IX. (* um 1167; †1241), im Amt ab 1227, berief päpstliche Sonderbeauftragte für das christliche Geschäft. Das war der Beginn der sogenannten päpstlichen Inquisition. Der Heilige Stuhl selbst hatte die Regie über das unsägliche Geschäft übernommen. Die Bischöfe und besonders die Brüder des Dominikanerordens konnten aber auch weiterhin in eigener Regie inquisitorisch vorgehen. Die Dominikaner hatten sich schon früher mit dem Aufspüren ketzerischen Gedankenguts beschäftigt und waren also erfahren in diesem teuflischen Geschäft. Sie waren gewissermaßen Experten auf dem Gebiet der Menschenverachtung. Sie haben es nicht verstanden, dass sie im Grunde ihren eigenen Gott verachtet und misshandelt haben, den Schöpfer des Menschen nach seinem eigenen Ebenbild. In der frühen Neuzeit kam dann mit der Hexenverfolgung ein zusätzlicher und vor allem ergiebiger Geschäftszweig hinzu. Hexerei gleich Ketzerei, das war die grausame Gleichung. In „brennender Sorge" erteilte Gregor IX. als erster Papst den Befehl zur Hexenverfolgung und eröffnete der Inquisition ein neues Geschäftsfeld. Nun gab es offenbar kein Halten mehr.

Papst Paul III. (*1468; †1549), im Amt seit 1534, setzte dem ganzen Treiben die Krone auf. Er gründete 1542 die Inquisition als Kardinalskommission, die als Zentralinstanz für alle Länder über die Reinheit des Glaubens zu wachen hatte. Und nur aus Gründen der Vollständigkeit: Sixtus V. (*1521; †1590), Papst seit 1585, legte 1588 ihren endgültigen Status als „Congregatio Romanae et universalis Inquisitionis" fest, übersetzt „Kongregation der Römischen und universalen Inquisition", was so viel bedeutet wie „Endgültige Verabschiedung von der Menschlichkeit". Als hätte es noch einer Steigerung bedurft, erhielt diese zentrale Inquisitionsbehörde 1908, ja 1908, den Namen „Heiliges Offizium". Und sie ist auch heute noch nicht tot, sie trägt den Namen „Kongregation für die Glaubenslehre". Es bleibt zu hoffen, dass sich wenigstens der Geist dieser Institution geändert hat, obgleich es bei ihrer Geschichte eines Wunders bedürfte, nämlich des lange überfälligen Einspruchs des Allmächtigen, in dessen Namen all dies geschehen ist.

Die Frauen des Mittelalters mussten unter der Herrschaft der Herren der Schöpfung besonders leiden. Seltener als Männer hatten Frauen Glaubenssätze geleugnet. An sich hätte man sie daher auch weniger verfolgen dürfen. Aber indem man sie der Hexerei bezichtigte, konnte man sie nun auch wegen Ketzerei anklagen. Wir wollen die heutige Zeit nicht unbedingt mit dem Mittelalter gleichsetzen, auch nicht, was die Behandlung der Frauen betrifft. Aber gewisse Parallelen gibt es schon. Mancher Zeitgenosse beklagt die Rolle der Frau in der islamischen Welt. Wohl, jedenfalls zum Teil, zu Recht. Der Zustand ist aus heutiger und aus westlicher Sicht sicher beklagenswert. Aber wir sollten nicht überheblich sein. Der Umgang mit Frauen in unserer heutigen westlichen Gesellschaft (in der jüngsten Zeit gibt es „wunderschöne" Beispiele dafür) gereicht sicher nicht in allen Fällen der Krone der Schöpfung zur Ehre, einmal abgesehen davon, dass die Krone lange Zeit – und noch bis vor nicht allzu langer Zeit – männlich war in unserem Land.

Bis 1958 konnten beispielsweise Ehemänner ein bestehendes Dienstverhältnis ihrer Frau kündigen. In Baden-Württemberg galt für Lehrerinnen noch bis 1956 das Lehrerinnenzölibat. Wenn sie heirateten, mussten sie aus dem Staatsdienst ausscheiden. Der Ehemann hatte bis zum Inkrafttreten des Gesetzes über die Gleichberechtigung von Mann und Frau am 1. Juli 1958 letztlich das Entscheidungsrecht in allen Eheangelegenheiten. Sogar die Verwaltung des gegebenenfalls von der Frau in die Ehe eingebrachten Vermögens lag gesetzlich festgelegt in der Hand des Mannes. Er allein verfügte auch über die daraus erwachsenen Zinsen und auch über das Geld aus einer Erwerbstätigkeit der Ehefrau. Das waren nur ein paar wenige Beispiele über die Rechte der Frau aus nicht allzu ferner Vergangenheit in unserem Lande. Wir sollten also nicht überheblich sein, wenn andere Länder noch nicht so weit sind. Erst 1976 wurde durch eine grundlegende Neuregelung des Ehe- und Familienrechts eine gesetzliche Aufgabenteilung in der Ehe abgeschafft. Die Herren der Schöpfung hatten wohl auch schon immer das Recht, mit den Zinsen aus dem Vermögen, das ihre Frauen in die Ehe eingebracht hatten, die Kosten ihrer außerehelichen Vergnügungen zu begleichen.

Flatrates haben sich weitestgehend durchgesetzt in unserer Gesellschaft, nicht nur beim Telefonieren und beim Surfen, auch beim Bordellbesuch. „In" sind Flatrate-Etablissements, auch „All you can fuck"-Bordelle genannt. Der Herr zahlt nämlich für einen „Tagespass" – um die 60 Euro – und darf dann vögeln, wen und so oft er will. Feine Gesellschaft! Die Geschäftspraktiken sind unseren Großbäckereien entlehnt: Stempelkarten. Für jeden Besuch gibt es den „All you can fuck"-Stempel. Mit fünf Stempeln erhält der Besucher 50 Prozent Rabatt auf einen Besuch, mit 10 Stempeln einen Besuch nicht umsonst, aber kostenlos. Wie beim täglichen Brot.

Der Kindesmisshandler

Das Netz ist der geeignete Tummelplatz für Pornografen, für Anbieter wie für Konsumenten, anonym und kaum kontrollierbar. Laut einer Analyse der Online-Forscher von SimilarWeb aus dem Jahr 2013 bestehen 12,5 Prozent aller Webseitenaufrufe in Deutschland aus Zugriffen auf pornografische Seiten, schreibt Tilman Krause am 21.12.2013 auf www.welt.de. Wir wiederholen in Worten: Zwölfeinhalb Prozent. Deutschland nimmt damit eine unrühmliche Spitzenposition ein, gefolgt von den USA, Brasilien und Indien. Wir sind also nicht nur Exportweltmeister, sondern auch Weltmeister beim Pornoseitenaufrufen, also quasi Pornoseitenklickweltmeister.

Und ständig, also zu jeder Zeit, suchen Tausende von Kinderpornografen im Netz nach Kinderpornografie. Sie tauschen Fotos und Videos in Chatrooms und Foren und bestellen sich bei den einschlägigen Anbietern entsprechendes Material. Über die Täter weiß man nur wenig. Die Interessenten erhalten mit ihrer Nachfrage allerdings eine Industrie aufrecht, deren Produktionsstandorte vorrangig Kambodscha, die Philippinen und, quasi vor der Haustür, Bulgarien und Rumänien sind. Dort werden Filme und Bilder produziert, mit Kindern als Darstellern, deren Armut rücksichtslos ausgenutzt wird. Sie werden ausgebeutet, das heißt, das Letzte wird aus ihnen herausgeholt. Wir sagten es schon: Die schlechten Autofahrer sitzen meist nicht mit am Tisch. Wo sitzen sie also, wer sind sie und wie sehen sie aus, diese Leute, die sich an Kindern vergehen? Experten gehen davon aus – es ist wohlgemerkt nur eine Annahme –, dass allein in Deutschland jedes Jahr 15.000 Kinder sexuell missbraucht werden. Sie schätzen, dass es bis zu 300.000 Übergriffen im Jahr kommt. Das sind nicht ganz 1000 pro Tag. Wie war das noch in der Silvesternacht 2015/2016 in Köln? In dieser Nacht kam es am Hauptbahnhof zu zahlreichen Übergriffen auf Frauen. Bis zum 10. Februar 2016 lagen etwas mehr als 1000 Strafanzeigen vor, davon betraf die Hälfte eine Tat mit sexuellem Hintergrund. Wir erwähnen dies nur, weil die 1000 täglichen Übergriffe auf Kinder nur dann ein mediales Echo finden, wenn gerade wieder einmal eine Statistik veröffentlicht oder eine Razzia durchgeführt wurde. Es ist kein Vorwurf, und wir sehen auch keine Lösung. Wir stellen nur fest. Es ist aber wohl so, dass wir uns schon an das widerlichste aller Geschäfte gewöhnt haben. Meldungen über beschlagnahmte Rechner, auf denen Filme mit kinderpornografischen Inhalten gefunden werden, zählen inzwischen zum kaum noch beachteten Nachrichtenalltag. Die Täter sind mehrheitlich, man lese und staune oder vielleicht auch nicht, nicht einmal Flüchtlinge, auch ist die Gruppe der Flüchtlinge nicht auffällig repräsentiert unter diesen Verbrechern, nein, es sind oft, jedenfalls bis dahin, unbescholtene Familienväter, unauffällige Beamte und Angestellte, Arbeiter und Arbeitslose, ab und zu ein Politiker und hin und wieder auch ein Diener Gottes.

Der katholischen Kirche blieb wohl nichts anderes übrig. Es sollte ein Befreiungsschlag werden. Die deutschen Bischöfe wollten mit einer groß angelegten wissenschaftlichen Studie über den sexuellen Missbrauch von Minderjährigen durch Priester, Diakone und Ordensangehörige zwischen 1946 und 2014 endlich alle Kritiker zum Schweigen bringen. Die Auftragnehmer wurden verpflichtet, nicht über einzelne Bistümer zu reden und identifizierte Täter zu anonymisieren. In zwei Bistümern war es zur systematischen Vernichtung und Manipulation von Personalakten gekommen. Und kein Bischof ist zurückgetreten. Ein wahrlich durchschlagender Befreiungsschlag!

Der Umgang mit Missbrauch ist nach den Worten des Würzburger Bischofs Franz Jung auch beim Einführungskurs für neue Bischöfe in Rom angesprochen worden. Wahnsinn! Das muss man sich auf der Zunge zergehen lassen: Der Umgang mit Missbrauch ist angesprochen worden!

Der Menschenhändler

In Deutschland werden jedes Jahr Hunderte Kinder und Frauen von Menschenhändlern sexuell ausgebeutet. Man muss sich dabei das Wort Ausbeutung verdeutlichen: Aus den Opfern wird herausgeholt, was möglich ist. Sie werden ausgebeutet wie eine Mine mit möglichst hohem Gewinn. Besonders widerlich ist der Handel mit Kindern. Aber wie bei jedem Geschäft gibt es neben dem Händler auch den Käufer, den Endkunden, gewissermaßen König Kunde. Gäbe es keine Kunden, gäbe es keinen Sexhändler, gäbe es keinen Kinderhandel. Menschenhandel ist im Übrigen das weltweit drittgrößte und am schnellsten wachsende kriminelle Gewerbe. Etwa 1,2 Millionen Kinder werden weltweit sexuell ausgebeutet. Es ist davon auszugehen, dass auch diese Zahl nur die Spitze des Eisbergs ist.

Organhandel ist auch Menschenhandel: Gehandelt wird immer dann besonders gerne, wenn viel Geld verdient werden kann. Und sehr viel Geld kann in der Regel dann verdient werden, wenn Waren einerseits extrem begehrt und nachgefragt, andererseits aber extrem knapp sind. Nun besteht weltweit eine extreme Schieflage zwischen der Anzahl der zur Verfügung stehenden Spenderorgane und dem Bedarf nach Organen. Beispielsweise sterben in Europa 15 bis 30 Prozent der Patienten, die auf ein Organ warten. Etwa 40.000 Menschen warten auf eine neue Niere – die Anzahl änderte sich im Laufe der Jahre nur unwesentlich. Gleichzeitig bieten Transplantationen zunehmend bessere Überlebenschancen und eine Steigerung der Lebensqualität für die Empfänger. Bei der ethischen Konstitution unserer Spezies ist es deshalb nicht unbedingt verwunderlich, dass der Handel mit Organen mafiöse Strukturen angenommen hat. Die sind nämlich immer dann beliebt, wenn viel Geld zu machen ist und der Handel und alle Maßnahmen, die damit zusammenhängen, besonders die Beschaffung, organisatorisch anspruchsvoll sind. Organisierte Kriminalität nennt man das dann.

Organhändler beschaffen sich die Handelsware nicht nur von notleidenden Menschen. Sie eignen sich die benötigten und gewünschten Organe auch schon mal auf brutale Art und Weise einfach an. Das heißt, sie bringen die Menschen mit vermeintlich geeigneten Organen kurzerhand um und entnehmen ihnen die von der Kundschaft gewünschten Ersatzteile. Diese Vorgehensweise hat sogar Vorteile. Das Geschäft wird nämlich noch lukrativer, da die Entlohnung der Spender entfällt. Beliebte Opfer sind schutzlos umherirrende Flüchtlinge oder auch zum Tode verurteilte Straftäter in China, die genau dann exekutiert werden, wenn Bedarf an Organnachschub besteht. Die Organproduktion in sogenannten Babyfabriken ist allerdings die wohl widerlichste aller Organ - Beschaffungsmethoden.

Weltweit werden geschätzt 250.000 Kinder in Kriegen und bewaffneten Auseinandersetzungen eingesetzt, Mädchen wie Jungen, in Lateinamerika, Asien, vorrangig aber in Afrika. Nach UN-Schätzungen sind es über 100.000 in der Demokratischen Republik Kongo, im Sudan, im Tschad und der Zentralafrikanischen Republik, aber auch in den aktuellen Krisengebieten Mali und Syrien. Das Leid der Kinder können wir uns kaum ausmalen. Möglicherweise können wir uns aber etwas annähern, wenn wir uns vorstellen, dass es unsere eigenen Kinder wären, die in die Hände widerlicher Schergen und skrupelloser, machtgieriger Potentaten fallen, zum Misshandeln, Missbrauchen, Vergewaltigen und Töten getrieben werden und mit hoher Wahrscheinlichkeit körperlich und geistig verkrüppelt, wenn überhaupt, nach Hause zurückkehren.

Warum überhaupt Kinder für die widerlichen Kriegsspiele rekrutiert werden, liegt auf der Hand: Sie sind leichter formbar, billiger und mühelos ersetzbar. Es wird berichtet, dass Dörfer überfallen wurden, die Erwachsenen getötet und die Kinder verschleppt und zu Kriegern erzogen wurden. Kinder melden sich auch freiwillig, um ihrem sozialen Elend zu entkommen. In den Camps zur Welt gebrachte Kinder kennen keine andere Welt. Für sie ist es gewissermaßen natürlich, schon in frühen Jahren mit Waffen zu hantieren und zu töten.

In friedenspaedagogik.de heißt es, jedes Handeln eines Menschen habe Ursachen, die in der individuellen Geschichte, in der Situation und im sozialen

Umfeld liegen. Niemand werde von heute auf morgen oder allein durch das Spielen aggressiver Spiele aggressiv. So einfach arbeite das menschliche Gehirn nun einmal nicht. Aufgrund der Komplexität menschlichen Lernens und Verhaltens sei auch die direkte Wirkung aggressiver Spiele nicht beweisbar. Okay, das haben wir verstanden. Aber alleine die Tatsache, dass die realen Vorbilder der benutzten Spielgeräte Menschen töten und unsägliches Leid über ganze Völker säen, sollte uns Erwachsene davon abhalten, solche Spiele für unsere Kinder zuzulassen.

Möglichweise ist diese Haltung weltfremd, also eher nicht von dieser Welt. Schließlich unterhält unser Staat eine Armee, und jeder Staat, der etwas auf sich hält und etwas gelten will auf diesem Globus, unterhält eine Armee mit einem mehr oder weniger großen Arsenal von realem Kriegsgerät: Gewehre, Kampfflugzeuge, Panzer, Kriegsschiffe, Bomben und Raketen und Menschen, Soldaten genannt, die damit „spielen", was in dem Falle „üben" heißt, damit, was man geübt hat, im Ernstfalle gelingen mag. Und es ist notwendig, dass diese Menschen hin und wieder ersetzt werden. Sie sollten schon einigermaßen jung und beweglich und draufgängerisch sein, die Soldaten, sonst hat das Ganze keinen Sinn. Wo soll aber der Nachwuchs herkommen, wenn er sich nicht früh übt? Wo und wie fangen wir es also an? Es ist nämlich schon so: Solange es noch so viel Spielzeug gibt, mit dem unsere Kinder Krieg üben, wird es keinen Frieden geben auf dieser Welt. Wir schließen uns Karlheinz Deschner an[5]: „[Denn] kein Bibelwort hat mich mehr überzeugt, keines durch zwei Jahrtausende so an Gewicht gewonnen wie Lukas 13,3: Wenn ihr euren Sinn nicht ändert, kommt ihr alle ebenso um." Nicht, dass wir falsch verstanden werden. Es ist sicher nicht so, dass die Kriege allein deshalb ausblieben, weil unsere Kinder nicht mehr Krieg spielten. Aber in den Köpfen wären sie jedenfalls nicht mehr so tief drin, und einer von vielen notwendigen Schritten wäre getan.

Der Drogenhändler

Die Amis waren noch nie zimperlich, wenn es um Kriege ging, auch nicht beim Krieg gegen Drogen. „War on Drugs", diese Bezeichnung stammt von Richard Milhous Nixon (*1913; †1994), dem von 1969 bis 1974 amtierenden 37. Präsidenten der USA. Er hatte sich sicher versprochen. Höchstwahrscheinlich wollte er nicht zum „Krieg gegen Drogen", sondern zum „Krieg mit Drogen" aufrufen.

Insgesamt waren die Kriege mit Drogen ein extrem schmutziges Geschäft. Erlöse aus dem Drogenhandel wurden für die Bewaffnung von „befreundeten" paramilitärischen Gruppen oder Armeen verwendet. Die bekanntesten Beispiele für diese Praxis sind das Vorgehen der Franzosen im Indochinakrieg und, wohl weil es so wunderbar funktionierte, das Vorgehen der USA im Vietnamkrieg. Das widerliche Geschäft verlief in etwa so: Das von den Ländern hergestellte Heroin wurde mithilfe der Geheimdienste auf den Weltmarkt geschleust. Mit den Erlösen wurden die Waffen für den eigentlichen Krieg finanziert. Eine „fliegende" Rolle spielte dabei die von der CIA betriebene konspirative Fluglinie Air America. „Was für ein schmutziges Geschäft!", möchte man ausrufen. Wenn auch Geheimdienste ihrem Namen nicht immer Ehre machen, dann in dieser Angelegenheit wohl schon. Deshalb hat keiner etwas gewusst von diesen Geschäften, zumindest wollte, wie in solchen Geheimfällen üblich, keiner etwas davon gewusst haben, der Drogenkrieger Nixon möglicherweise auch nicht?

Drei Präsidenten später, unter Ronald Wilson Reagan (*1911; †2004), dem von 1981 bis 1989 amtierenden 40. Präsidenten der USA, wurden Einnahmen aus geheimen Waffenverkäufen an den Iran an die rechtsgerichtete Guerilla-Bewegung der Contras in Nicaragua weitergeleitet, um sie bei dem Contra-Krieg gegen die sandinistische Regierung zu unterstützen. Das war ein klarer Verstoß gegen einen US-Kongressbeschluss. Die Transporte wurden überwiegend von zivilen Fluggesellschaften, wie beispielsweise Southern Air Transport oder St. Lucia Airways, ausgeführt. Der spätere US-Außenminister John Kerry sagte 1987 während der Senatsanhörungen zur Iran-Contra-Affäre zum Thema des von der CIA tolerierten Drogenschmuggels der Contra-Rebellen in die USA: „Unser Land machte sich zum Komplizen im Drogenhandel, zur selben Zeit, in der wir unzählige Dollars dafür ausgaben, die durch Drogen verursachten Probleme in den Griff zu bekommen – es ist einfach unglaublich … Ich weiß nicht, ob wir das schlechteste Geheimdienstsystem der Welt haben; ich weiß nicht, ob wir das beste haben, und sie haben alles gewusst und einfach weggesehen. Aber unabhängig davon, wie man es betrachtet, läuft etwas falsch, etwas läuft wirklich falsch da draußen."

Dass Drogen via Internet gehandelt werden, das musste man erwarten. Es gibt schließlich nichts, was nicht gehandelt wird und nichts, was gehandelt, nicht auch online gehandelt wird. Der zunehmend expandierende Drogen - Onlinehandel bedient sich gerne des Darknet, der Plattform für dunkle Geschäfte. Transaktionen im Darknet werden kryptisch bezahlt. Kryptowährungen ermöglichen einen digitalen Zahlungsverkehr ohne Beteiligung einer Bank. Sie eignen sich in besonderem Maße für dunkle Geschäfte: Sexgeschäfte, Geschäfte mit Menschen und Organen, Drogengeschäfte und, wie man erwarten musste, auch für Waffengeschäfte. Die Anonymität des Darknet führte dazu, dass sich die Anzahl der Nutzer zwischen 2013 und 2016 verdreifacht hat, so die Schätzung des Bayerischen Landeskriminalamts. Und gut ein Drittel der Drogendelikte in Bayern werde online verübt. AlphaBay ist der zurzeit (Stand Mai 2016) größte aktive Drogenmarkt. Er funktioniert im Grundsatz wie eBay. Ein weiterer bekannter Untergrundmarkt war Silk Road. Er wurde 2013 in einer internationalen Aktion ausgehoben. Seinerzeit sollen sich dort rund 4000 Händler und 150.000 Käuferinnen und Käufer getummelt haben. Der Umsatz soll in der Größenordnung von 1,2 Milliarden Dollar gelegen haben.

2017 gab es 223.000 Tote weltweit als Folge des Konsums illegaler Drogen, davon alleine in den USA über 60.000 und nicht ganz 1300 in Deutschland, das hier also ausnahmsweise nicht zu den Spitzenreitern zählt. Aber das sind nur Zahlen. Sie sagen nichts über das Elend der Abhängigkeit, das Elend der Beschaffung, des Niedergangs und nichts über das jämmerliche Ende im Drogensumpf.

Der Waffenhändler

Nicht zu den Top 10 der Rüstungsausgeber zählen, aber nicht weit davon entfernt sind das europäische Armenhaus Griechenland, NATO-Mitglied und das Bollwerk der Freiheit, die Türkei, ebenfalls NATO-Mitglied und intimer Freund seines Nachbarn Griechenland. Beide Staaten zusammen verfügen, wie Urban Priol in der Sendung Tilt! – Tschüssikowski 2016 am 21.12.2016 im ZDF sarkastisch anmerkte, über so viele U-Boote, dass die Flüchtlinge trockenen Fußes die Ägäis überqueren könnten, würde man dort alle U-Boote ausbringen. Ja, und wer hat ihnen wohl die U-Boote angedreht, jedenfalls den Griechen, die doch eigentlich sparen sollten? Das zu verstehen, dazu sind wir wahrscheinlich nicht weltsichtig genug. Unsere Politstrategen und Finanzjongleure würden uns schon schnell aufklären ob dieser unserer Beschränktheit. An dieser Stelle aber können wir nur ein paar wenige Zahlen nennen. Noch 2010 beschaffte sich das von der Staatspleite bedrohte Griechenland bei den Franzosen Fregatten im Wert von 2,5 Milliarden Euro, Hubschrauber im Wert von 400 Millionen Euro und eine nicht genannte Zahl von Militärflugzeugen zum Stückpreis von ca. 100 Millionen Euro. Wir schätzen einmal vorsichtig, dass sie sich sechs davon zugelegt haben, nur damit wir auf eine glatte Zahl kommen. Damit wären wir also bei ungefähr 3,5 Milliarden. Und bei den Deutschen haben sie dann noch sechs U-Boote für eine Milliarde Euro geordert. Da es sich einfacher merken lässt, gehen wir großzügig von insgesamt fünf Milliarden aus – viel wird nicht gefehlt haben! Und es ist nicht schwer zu erraten, wer diese Chose wohl bezahlt hat bzw. bezahlt. Die Rettungsmilliarden von EU, EZB und IWF für Griechenland flossen trivialerweise indirekt auch in die Kassen der Rüstungskonzerne bzw. direkt in die der griechischen und europäischen Banken, die die Kriegsmaschinen finanziert haben. Wieder einmal kommen uns unvermeidlich Deschners Worte in den Sinn:[5] „Die Welt schaut aus, dass man ihr keine Stunde voll ins Gesicht sehen kann, ohne verrückt zu werden."

Solange wir in einer realen und damit nicht friedlichen Welt leben, hat jedes Volk, jeder Staat, jede Staatengemeinschaft das Recht, sich gegen potenzielle Aggressoren zu schützen. So weit, so gut. Dazu braucht es Kriegsgerät, das dazu in der Lage ist, dem Kriegsgerät des potenziellen Aggressors zu widerstehen. Entwicklung, Herstellung und Beschaffung dieser Maschinen verschlingen aber Unmengen Geld. Das Geld des Staates oder auch der Verteidigungsgemeinschaft reicht dafür gewöhnlich nicht aus. Es liegt aus Sicht der Kriegsgeräteentwickler nahe, sich zusätzliches Geld außerhalb der Verteidigungsgemeinschaft zu beschaffen, indem sie Kriegsgerät exportieren. Wohin das Kriegsgerät verscherbelt wird, liegt trivialerweise im Interesse des eigenen Staates. Schließlich soll es nicht gerade beim potenziellen Aggressor landen. Für den Kriegsgeräteentwickler sind – das ist genauso trivial –, Käufer besonders interessant, bei denen das Gerät unter realen Bedingungen getestet werden kann, also nicht nur in einer Übungssituation, sondern in einem „richtigen" Krieg. Wir belassen es bei dieser kurzen, möglicherweise nicht sonderlich tiefgehenden Analyse. Was wir allerdings schon damit feststellen können, ist, dass die geschilderten Fakten zu heftigen Verstrickungen führen müssen, gesellschaftlichen und politischen.

„Entscheidungen über Rüstungsexporte sind stets Einzelfallentscheidungen. Deutschland hat ein restriktives rechtliches Regelwerk für die Ausfuhr von Rüstungsgütern. Dieses Regelwerk bestimmt: Es besteht kein Anspruch auf Genehmigung der Ausfuhr von Kriegswaffen. Genehmigungen können u.a. nur dann erteilt werden, wenn keine Gefahr besteht, dass die Kriegswaffen bei einer friedensstörenden Handlung verwendet werden." Der letzte dieser atemberaubenden Sätze klingt wie ein sarkastischer Scherz. Aber er steht so auf der offiziellen Seite des Bundesministeriums für Wirtschaft und Energie der Bundesrepublik Deutschland und ist ganz ernst gemeint. Man kann sich gleichwohl des Eindrucks nicht erwehren, dass der Leser auf den Arm genommen werden soll.

Die Damen und Herren Regierenden haben sogenannte Post-Shipment-Kontrollen erfunden und eingeführt. Wir übersetzen einmal mit „Kontrollen nach der Zustellung". Und richtig, es ergibt trivialerweise keinen Sinn, Kriegsgerät in undurchsichtige Krisenstaaten zu verschiffen und nicht zu kontrollieren, wo das Gerät schließlich landet. Es könnte ja in falsche Hände geraten und im schlechtesten Fall gegen den Lieferanten selbst verwendet werden. Ob sich das in allen Fällen verhindern lässt, wagen wir zu bezweifeln. Wir nehmen aber an, dass die Damen und Herren, die die Post-Shipment-Kontrollen erfunden haben, wenigstens einmal von illegalen Waffenhändlern gehört haben.

Wir Deutsche hätten die restriktivsten Ausfuhrbestimmungen für Waffensysteme in ganz Europa, hört und liest man. Hätten wir die nicht, wären wir möglicherweise Kriegsgeräteexportweltmeister und nicht nur Dritter in diesem ehrenwerten Reigen, und wir wären mit hoher Wahrscheinlichkeit auf diese Weise an jedem Krieg beteiligt, der auf dieser Welt geführt wird. Beinahe bei jedem sind wir schließlich schon heute dabei. Und das trotz unserer nicht sonderlich ruhmreichen Geschichte in dieser Angelegenheit.

Inzwischen sollen Rüstungsproduzenten im Ausland mit dem Slogan „Free Germany", frei übersetzt, frei von deutschen Teilen, werben, soll heißen: Kriegsgerät ist schnell und unbürokratisch zu beschaffen. Ohne Hindernisse, schnell und zügig, ohne deutschen Bürokratismus.

Übrigens – das ist kein Scherz –, der Leopard-2-Panzer war ja einmal als Rückgrat gepanzerter Streitkräfte und zur Abwehr gegnerischer Panzerverbände vorgesehen. Und dann doch noch ein kleiner Scherz hinterher, der dummerweise keiner ist: Die NATO-Länder Dänemark und Kanada setzten den Leopard 2 im ISAF-Einsatz in Afghanistan ein – wir vermuten, gegen die massiven Panzerverbände der Taliban.

Wo mögen sie wohl hingehen, die deutschen Kriegsgeräte? 2015 beispielsweise ging Kriegsgerät im Wert von 4,5 Milliarden Euro an sogenannte Drittstaaten – also solchen außerhalb von EU, NATO und gleichgestellten Staaten –, davon Gerät im Wert von ca. 1,4 Milliarden an Katar, im Wert von 400 Millionen an Israel, 250 Millionen an Korea, 80 an Kuwait, 70 an Kolumbien, 70 an Singapur, etwa 20 jeweils an Saudi-Arabien, Irak und Brasilien und nicht ganz sieben an Brunei, ja, an Brunei. Wie war das noch? „Genehmigungen können u.a. nur dann erteilt werden, wenn keine Gefahr besteht, dass die Kriegswaffen bei einer friedensstörenden Handlung verwendet werden". Möglicherweise liegt die eigentliche Bedeutung des Satzes ja in dem geheimnisvollen „u.a." verborgen.

Die weltweiten Militärausgaben lagen 2015 bei geschätzt 1.676.000.000.000 US-Dollar (Quelle: SIPRI – Trends in World Military Expenditure, 2015), in Worten bei eintausendsechshundertsechsundsiebzig Milliarden. Es gibt wahrscheinlich Zeitgenossen, die können mit diesem Zahlenungetüm nicht viel anfangen. Erst recht nicht mit dem, für was es steht. Deshalb kürzt man einfach ab und zieht sich auf „Billionen" zurück. Das Ganze wird dadurch zwar nicht klarer als zuvor, aber immerhin, 1,7 Billionen hört sich ungemein weniger brisant an, auch wenn eine Billion 1.000 Milliarden bedeuten. Knapp 1.700 Milliarden US-Dollar wurden also 2015 weltweit für Rüstungsgüter ausgegeben. Unvorstellbar! Irgendwie scheinen diese Milliarden der bundesdeutschen Armee aber nicht begegnet zu sein.

Der Geldhändler

Geld verleihen und Geld leihen und dafür Geld nehmen bzw. Geld bezahlen, das ist wohl die einfachste Form der Geldgeschäfte. Inzwischen gibt es deutlich kompliziertere, die nicht nur Laien, sondern auch Geldexperten nicht mehr immer verstehen. Geld für geliehenes Geld zu nehmen, diese Praxis war allerdings schon immer nicht ganz unumstritten. So ist auch die Geschichte um den Zins eine ziemlich verrückte und gleichzeitig alte. Die abrahamitischen Religionen Judentum, Christentum und Islam kennen ein Zinsverbot, das auf Textstellen im Alten Testament zurückgeht. Im Mittelalter hat sich dieser religiöse Ursprung des Zinsverbots für Juden und Christen auseinanderentwickelt. Bereits in den ersten frühchristlichen Jahrhunderten wurde im Rahmen mehrerer Synoden ein generelles Zinsverbot als Grundsatz der christlichen Lehre formuliert.

Schließlich wurde im Jahre 1215 von Papst Innozenz III. ein generelles Zinsverbot sogar rechtlich institutionalisiert. Für geliehenes Geld einen Zins zu verlangen galt fortan nicht nur als Sünde, sondern auch als Kapitalverbrechen, das mit Raub, Brandstiftung und Prostitution gleichgesetzt wurde. Die Phase des Zinsverbotes im katholischen Teil Europas erstreckte sich über mehrere Jahrhunderte und wurde erst im Zuge der Reformation und der Unabhängigkeit vieler Landesfürsten von den Vorschriften der katholischen Kirche zumindest teilweise aufgelöst. Die katholische Kirche selbst hielt aber bis zum Beginn des 20. Jahrhunderts am Zinsverbot fest. Da auch die mittelalterliche Wirtschaft Europas nicht ohne das Verleihen von Geld auskam, wurden Geldgeschäfte im Wesentlichen auf den jüdischen Teil der Bevölkerung übertragen. Auf diese Weise konnte das kirchliche Zinsverbot umgangen und gleichzeitig das Judentum als Inbegriff der Sündhaftigkeit gebrandmarkt werden. Eine ziemlich fiese Vorgehensweise, zumindest mit der christlichen Idee nicht sonderlich gut übereinstimmend. Bereits im Jahr 1179 hatte Papst Alexander III. den jüdischen Gemeinschaften das Recht zugestanden, Geld gegen Zinsen zu verleihen. Die Juden, die ihren Lebensunterhalt per Gesetz ohnehin nur über Handel und Geldgeschäfte verdienen durften, interpretierten das alttestamentliche Zinsverbot ganz einfach leicht um. Es galt ausschließlich für das eigene „Volk", nicht aber für „Ausländer". Das „Volk" war in diesem Fall die jüdische Glaubensgemeinschaft, die „Ausländer" alle, die nicht jüdischen Glaubens waren. Na gut, das ist Interpretation, Auslegung der Schriften Gottes. Er hätte sich ja schließlich auch ein wenig eindeutiger ausdrücken können, der Herr!

Somit erschloss das päpstliche Zinsverbot den europäischen Juden einerseits eine lukrative Erwerbsquelle, anderseits schwächte es ihren sozialen Status in der vom Katholizismus dominierten mittelalterlichen Gesellschaft. Und wie man weiß, war dies ziemlich nachhaltig. Zum Bild von der jüdischen Sündhaftigkeit gesellte sich dann noch der Neid auf die durch die einträglichen Geldgeschäfte wohlhabend gewordenen jüdischen Geschäftsleute. Diese Verbindung aus christlicher Moral und Neid gegenüber den „reichen" Juden war einer der Gründe für die Judenverfolgungen in ganz Europa. Innerhalb der katholischen Kirche wurde das Zinsverbot 1822 endgültig abgeschafft. Diese Entscheidung wurde jedoch nie begründet und schon gar nicht dem gläubigen Fußvolk verkündet, schon gar nicht von der Kanzel und auch nicht in irgendeiner Weise plausibel gemacht.

Das Zinsverbot ist inzwischen out, obgleich Mario Draghi (*1947), Präsident der Europäischen Zentralbank (EZB), den alten päpstlichen Direktiven zu folgen scheint. Aber er hat wahrscheinliche andere Gründe für sein „Zinsgebot".

Der Zins- und Zinseszinsmechanismus zwingt die modernen Volkswirtschaften zu einem permanenten Wachstum, quasi zu einem Wachstum auf Teufel komm raus. Mindestens die Zinsen für Investitionen, lieber natürlich mehr, müssen erwirtschaftet werden, und das geht nun einmal nur mit Wachstum. Eine zweite, nicht weniger dramatische Nebenwirkung besteht darin, dass der Zins- und Zinseszinsmechanismus die Schere zwischen Arm und Reich geradezu zwangsläufig immer weiter aufgehen lässt. Das ist nicht nur eine Frage der Gerechtigkeit und letztlich des sozialen Friedens, es hat auch absehbare wirtschaftliche und unabsehbare politische Folgen.

10 Prozent der Bevölkerung verfügen über knapp die Hälfte des Vermögens, 20 Prozent schon über 80 Prozent. 80 Prozent müssen sich mit etwa 20 Prozent zufrieden geben. Was bedeutet diese ungleiche Verteilung für die Entwicklung der Volkswirtschaft? Nur um diese Frage geht es uns im vorliegenden Zusammenhang, keineswegs um eine politische Diskussion über Arm und Reich. Wir verwenden die beiden Begriffe hier der Einfachheit halber und ohne ideologischen Touch. Was können oder vielmehr müssen wir also erwarten, wenn sich die Vermögen zunehmend von Arm nach Reich verschieben? Es liegt auf der Hand: Die Konzentration des Vermögens bei einem sehr kleinen Teil der Bevölkerung führt zu einer Reduzierung der Binnennachfrage und damit zu einer

Reduktion des Absatzes von Gütern und Dienstleistungen. Wie das? Es ist relativ leicht einzusehen. Der Reiche hat schließlich schon alles. Da er also nicht recht weiß, wohin mit seinem Geld, bleibt ihm nur der Weg in die virtuelle Wirtschaft, in die Wirtschaft der Finanzprodukte. Die sinkende Nachfrage nach realen Gütern veranlasst die Produzenten notwendigerweise zu Rationalisierungsmaßnahmen. Die bevorzugte – und die, die die Aktien am ehesten steigen lässt – ist die Reduzierung der Mitarbeiterzahl, also deren Entlassung oder der Ersatz des Stammpersonals durch weniger risikoreiche Leiharbeiter. Und weitere Werkzeuge liegen auf der Werkbank: Niedriglöhne, Lohndumping und getürkte Mindestlöhne, seit es Mindestlöhne gibt. Das ist gut für die Aktienkurse, weniger gut für die Nachfrage nach realen Gütern und Dienstleistungen. Im Ergebnis wird die nämlich weiter sinken. Um den Lebensunterhalt der vom Markt Verdrängten zu sichern, bleibt dem Staat nichts anderes übrig, als seine Sozialleistungen hochzuschrauben und gegebenenfalls Konjunkturprogramme zu starten. Das Geld leiht er sich trivialerweise vom reicheren Teil der Bevölkerung mit dem Ergebnis, dass dieser noch reicher, der Staat noch ärmer wird und die Vermögensverschiebung zugunsten des reicheren Teils der Bevölkerung noch weiter fortschreitet. Die Reichen werden ohne jede Leistung reicher. Ihr Geld „arbeitet", nicht sie. Wie schon bemerkt, sie haben schon alles. Ihr Problem konzentriert sich also zwangsläufig auf die Frage „Wohin mit dem Geld?" In die reale Wirtschaft zu investieren verspricht der nachlassenden Nachfrage wegen keine sonderlich gute Rendite.

Um den reichen Teil der Bevölkerung, den potenziellen Anleger also, von seinem Anlagenotstand zu befreien, erfanden die Finanzakrobaten abenteuerliche Finanzprodukte, die mit der realen Wirtschaft so gut wie nichts mehr zu tun haben, und sie erfinden auch heute noch neue. Sogenannte Derivate gehören dazu. Dabei geht es um den Transfer von Risiken: Die Marktrisiken des Basiswertes (zum Beispiel der Wert einer Aktie, eines Wertpapiers, einer Währung) werden separat vom Basiswert gehandelt. Der Basiswert selbst muss nicht mehr erworben oder veräußert werden. Derivate ermöglichen daher die Trennung zwischen der Inhaberschaft am Basiswert und der Partizipation an dessen Marktchancen und -risiken. Etwas einfacher: Ein Derivat ist ein Finanzprodukt, dessen Preis und Entwicklung vom Preis eines anderen Finanzproduktes, zum Beispiel einer Aktie (= Basiswert), abhängt. Mit einem Derivat spekuliert man darauf, ob der Preis eines Produktes in Zukunft steigen oder fallen wird. Man kann das Ganze vereinfacht auch als Wette auf die Entwicklung des Basiswertes sehen. So kann man zum Beispiel mit entsprechenden Derivaten darauf wetten, dass eine bestimmte Aktie im Wert fallen oder auch steigen wird. Das Derivat ist eine Art Wettschein im Finanz- und Börsenbereich, das unzählige Finanzspekulationen möglich macht. Die Banken als Spielkasinos. Auch Landesbanken zählen, zählten zumindest, dazu. Staatsbanken als Wettbüros! Banken der Steuerzahler als Spielkasinos! Das musste irgendwann schiefgehen.

In jeder Bank, die etwas auf sich hält, gibt es eine Mannschaft, die für die Erfindung neuer Produkte zuständig ist. Sonderbarerweise – jedenfalls für uns – haben sich besonders Physiker, ja, Physiker, in diesem Metier des „Neue Produkte-Prozesses", abgekürzt NPP, etabliert. Warum gerade Physiker? Wir wissen es nicht und können es uns auch nicht erklären. Obgleich der portugiesische Physiker João Magueijo in seinem Buch „Schneller als die Lichtgeschwindigkeit; der Entwurf einer neuen Kosmologie" offenbar diese Einsatzart seiner Kollegen gewissermaßen schon voraussah. Im Zusammenhang mit der Vita Alan Guths, des Erfinders der kosmischen Inflation, schreibt er: „Eines schönen Tages schließt der Markt für Zeitverträge [er meint die typische Laufbahn eines Wissenschaftlers, der bald die dreißig erreichen wird] und Stipendien seine Tore für den in die Jahre kommenden Physiker, und wenn er bis dahin noch keine feste Stellung bekommen hat, geht er gewöhnlich in die Finanzwelt, was er dann sein Leben lang bereut."

Der Flüchtling

Steuerflüchtlinge sind auch Flüchtlinge. Es ist wenig ergiebig, sie zu beschimpfen – sie sind es gewohnt, einzustecken (in Anlehnung an Bert Berkensträter:[6] „Sinnlos, einem Kapitalisten Vorwürfe zu machen; er ist das Einstecken gewöhnt").

Über die Höhe der Steuergelder, die in Deutschland jährlich hinterzogen werden, gibt es wahrscheinlich genau so viele falsche Angaben wie Angaben. In jedem Falle sind sämtliche Angaben geschätzt und zweifelhaft. „Genauso gut könnte man sich fragen, wie viele Menschen eigentlich täglich zu schnell Auto fahren", das sagte Horst Höppner, Vorstand des Bonner Instituts für Steuern und Finanzen der Süddeutschen Zeitung. Unabhängig von dieser Einschätzung liest man schon mal von einer Größenordnung in der Höhe von 100 Milliarden Euro pro Jahr. Wie auch immer, das hinterzogene Geld steht weder für Bildung noch für Infrastrukturmaßnahmen, noch für Kultur und auch nicht für soziale Zwecke zur Verfügung. Es fehlt also uns allen. Es verschwindet auf den Konten weniger und erhöht die öffentliche und die private Armut vieler, unserem Grundgesetz folgend: Eigentum verpflichtet.

Warum eigentlich? Warum um alles in der Welt wollen sie ihr Geld verstecken? Ist es die Angst, etwas abgeben zu müssen, oder ist es die Angst, es würde ihnen jemand etwas abnehmen? Die Geldverstecker sind nicht selten die, die gerne von Werten reden, die es zu verteidigen gilt. Es sind die, die Wasser predigen und Sekt trinken. „Woran denken eigentlich jene, die ständig ‚unsere Werte' beschwören, doch nie sagen, was sie meinen? Es muss sehr schwierig auszudrücken sein."[5]

„Große" Steuerflüchtlinge aufsteigend sortiert: Theo Sommer, ehemaliger Zeit-Chefredakteur, hat den Staat um 649.000, der ehemalige Postchef und Aufsichtsratsvorsitzende der Telekom und der Postbank Klaus Zumwinkel um 1,2 Millionen Euro, unser Tennis- und Besenkammerprofi Boris Becker um 1,7 Millionen, Peter Graf, der Vater von Steffi Graf, um 6,29 Millionen Euro und Uli Hoeneß, der vorbildliche Bayernpräsident mit reichlich Talkshowpräsenz und dabei ziemlich hoher Rechthaberqualität, um 27,2 Millionen betrogen. Wie war das noch mit den Werten, die zu verteidigen wir gerne aufgefordert werden von unseren Führungsfiguren und Vorbildern?

Ende 2016 befanden sich 65,6 Millionen Menschen „forcibly displaced", also gewaltsam vertrieben. In den Gazetten wird das regelmäßig mit „Flüchtlingen" übersetzt. Das ist zwar nicht ganz falsch, führt aber durchaus zu Missverständnissen und zwar spätestens dann, wenn Zahlen genannt werden. Für Eingeweihte ist das offenbar kein Problem. Bei Nicht-Eingeweihten wie zum Beispiel bei uns führt es schon mal zu Irritationen, wenn 55 Prozent der Flüchtlinge angeblich aus nur drei Ländern kommen sollen, nämlich aus Syrien 5,5 Millionen, aus Afghanistan 2,5 Millionen und aus dem Südsudan 1,4 Millionen Menschen. Das sind zusammen 9,4 Millionen Menschen. Der aufmerksame Leser fragt sich dann schon einmal, was denn die Basis für diese eigentümliche Prozentrechnung sein soll. Man muss sich schon einigermaßen durchwühlen, um sich zurechtzufinden. Die Medien (www.zeit.de: „Flüchtlinge: Mehr als 65 Millionen Menschen weltweit auf der Flucht"; www.spiegel.de: „Flüchtlinge: So war 2017 – und so wird 2018 – …"; www.uno-flüchtlingshilfe.de: „Weltflüchtlingstag: Neuer Höchststand: 65,6 Millionen Menschen auf der Flucht") leisten jedenfalls keine hinreichende Aufklärung. Wir halten es für äußerst bedauerlich, dass dieses Thema nicht ehrlicher und präziser behandelt wird. Aber offenbar interessiert es niemanden wirklich, bevor es „körperlich" wird, soll heißen, wenn die Flüchtlinge vor der Haustüre stehen oder, wie mancher Zeitgenosse schon mal argwöhnt, die 65,6 Millionen auf Deutschland zumarschieren. Worauf bezieht sich diese Zahl denn nun? Richtig ist, dass von den 65,6 Millionen ca. 22,5 Menschen Flüchtlinge in dem Sinne sind, dass sie ihr Land verlassen mussten und sich außerhalb des Landes befinden, dessen Staatsangehörigkeit sie besitzen. Davon befanden sich 17,2 Millionen Menschen unter dem Mandat des UNHCR (Flüchtlingshilfswerk der Vereinten Nationen) und 5,3 Millionen unter dem der UNRWA (Hilfswerk der Vereinten Nationen für Palästina-Flüchtlinge im Nahen Osten). Damit wären also die 55

Prozent aufgeklärt: Sie beziehen sich lediglich auf die vom UNHCR manda-tierten 17,2 Millionen Flüchtlinge, die „wahren" Flüchtlinge also, die soge-nannten Konventionsflüchtlinge. 40,3 Millionen Menschen wurden im eigenen Land vertrieben (internally displaced people) und mussten ihre „lokale" Hei-mat verlassen. Weitere 2,8 Millionen begehrten irgendwo auf dem Globus Asyl. Durch die Auffächerung der Zahlen wird zwar das Problem nicht kleiner, aber es wird klarer.

Wie weit sind die 17,2 bzw. 22,5 Millionen, die ihr Land verlassen haben, gekommen auf ihrer Flucht? 2,9 Millionen sind in der Türkei gestrandet, 1,4 Millionen in Pakistan, 1 Million im Libanon, 979.400 im Iran, 940.800 in Uganda, 791.600 in Äthiopien, 685.200 in Jordanien, 669.500 in Deutschland, 452.000 in der Demokratischen Republik Kongo und 451.100 in Kenia. Wir sollten eigentlich stolz sein, dass wir zu den zehn Hauptaufnahmeländern ge-hört haben und wir unseren christlichen Werten, die wir bei jeder sich bieten-den Gelegenheit zitieren, wenigstens einmal gefolgt sind. Aber wir sind nicht stolz, im Gegenteil, wir zerfleischen uns beinahe. Und werfen alle in einen Topf, die Flüchtlinge, die Verbrecher, die Schmarotzer, und verwechseln zu-dem die Unschuldigen mit den Schuldigen.

Das Oberhaupt der katholischen Christen, Papa Franziskus, hat im Übrigen die Lage der Flüchtlinge als „Schande" bezeichnet. Eine Schande für die Mensch-heit. Er hat auch die Schuldigen, zumindest Mitschuldige ausgemacht. Den westlichen Staaten nämlich warf er eine Mitschuld an den Fluchtursachen vor. Unzählige Menschen seien durch Kriege vertrieben worden, „die nicht jene geschaffen haben, die heute die schmerzliche Entwurzelung aus ihrer Heimat erleiden, sondern vielmehr viele von denen, die sich weigern, sie aufzuneh-men." Und weiter sagt er: „Was geschieht in der heutigen Welt, dass bei einer Bankenpleite unversehens skandalöse Summen zur Rettung auftauchen, und wenn dieser Bankrott der Menschheit geschieht, gibt es praktisch nicht mal ein Tausendstel, um diese Brüder zu retten, die so viel leiden?"

Eine von der Meinung des Papstes leicht abweichende Meinung vertritt der ehemalige Offizier – immerhin Oberstleutnant – der bundesdeutschen Armee und seit 2015 Landeschef der ARD in Rheinland-Pfalz, Uwe Junge (*1957). Junge schwadronierte seinerzeit via Twitter im Zusammenhang mit dem Mord der 15 Jahre alten Mia am 27. Dezember 2017 in einem Drogeriemarkt in Lan-dau durch den aus Afghanistan stammenden Abdul D. (zitiert nach einem Kommentar von Nikolaus Blome, *1963, dem stellvertretenden Chefredakteur der Bild-Zeitung, vom 2. Januar 2018): „Der Tag wird kommen, am dem wir alle Ignoranten, Unterstützer, Beschwichtiger, Befürworter und Aktivisten der

Willkommenskultur im Namen der unschuldigen Opfer zur Rechenschaft ziehen werden." Das klingt extrem bedrohlich und ist es wohl auch. Wir sollten uns vorsehen vor dieser Art von politischen Führern!

Der Terrorist

Terroristen sind Menschen.

Zur Erinnerung: Die Ermittlungen im Kontext der NSU-Verbrechen waren ebenso aufwendig wie skandalös. Offensichtlich kam zunächst keiner der Ermittler auf die Idee, die Ermordung der Migranten könne rechtsextremistisch motiviert sein. Das Handeln der Sicherheitsbehörden vom Verfassungsschutz über den Militärischem Abschirmdienst bis zur Polizei führte ab Juli 2012 zu Rücktritten und Entlassungen der obersten Verfassungsschützer des Bundes, Thüringens, Sachsens und Berlins. Mit Nachlässigkeiten, Aktenvernichtung, dem Einsatz von V-Personen, Ermittlungspannen und organisatorischen Defiziten beschäftigten sich NSU-Untersuchungsausschüsse des Bundestages und verschiedener Landesparlamente – Thüringen, Sachsen, Bayern, Nordrhein-Westfalen, Baden-Württemberg, Hessen und Brandenburg. Im November 2011 hat sich der NSU durch den Selbstmord von Uwe Böhnhardt und Uwe Mundlos quasi selbst aufgelöst. Am 6. Mai 2013 wurde vor dem Oberlandesgericht München der NSU-Prozess eröffnet. Der Prozess endete am 11. Juli 2018 mit der Verurteilung von Beate Zschäpe zu einer lebenslangen Freiheitsstrafe.

Das „Heilbronner Phantom" war unter vielen Skandalen der Gipfel. Diese sagenumwobene Gestalt wurde mit mehreren Morden und zahlreichen Einbrüchen in Verbindung gebracht. An mindestens 40 verschiedenen Tatorten in Baden-Württemberg, Rheinland-Pfalz, im Saarland und in Österreich waren die DNA-Spuren des „Phantoms" gefunden worden. Schließlich stellte sich heraus, dass es DNA-Spuren waren, die sich auf den Wattestäbchen befanden, mit denen die Abstriche vorgenommen worden waren – die Folge von Verunreinigungen beim Herstellungsprozess. Der Eindruck verstärkt sich, dass die Deutschen nicht nur nicht mehr in der Lage sind, Bahnhöfe und Flughäfen zu bauen, nein, es gelingt ihnen auch nicht mehr, Attentäter wie Anis Amri zu überwachen und rechtzeitig dingfest zu machen, saubere Wattestäbchen herzustellen, die geeignet sind, DNA-Spuren aufzunehmen, neben Terroristen und linken Chaoten auch rechte Chaoten als solche zu erkennen, Asylanträge gesetzeskonform abzuwickeln und ihre Autohersteller an die Kandare zu nehmen. Bei alldem ist es höchst erstaunlich, dass wir nach wie vor – wie lange auch immer noch – zu den Exportweltmeistern zählen.

Der lächerliche Mensch

Der lächerliche Mensch tut keinem weh. Eigentlich könnten wir ihn übergehen. Wir können nur dummerweise auch nicht lachen über diese Spezies, im Gegenteil, sie treibt uns nahezu die Scham ins Gesicht. Nur ein beispielhaftes Exemplar: der „große" Dieter Wedel, einer der bekannten Regisseure, die dieses Land hervorgebracht hat. Im Fernsehen machte sich Wedel einen Namen mit aufwendigen Mehrteilern. Die bekanntesten sind wohl „Der große Bellheim" von 1992, „Der Schattenmann" von 1995, „Der König von St. Pauli" von 1998, „Die Affäre Semmeling" von 2002, „Papa und Mama" von 2006 und schließlich „Gier" von 2010. Wie, fragen wir uns, ist es zu erklären, dass dieser Kulturmensch in einer deutschen Boulevard-Zeitung unter der Rubrik „In & Out – Leute heute" die folgenden, wie wir meinen, unfassbaren Sätze von sich gegeben hat (auszugsweise):

Out: Regen – so viel braucht kein Mensch
In: Endlich ein Wetterwechsel – es wird wieder Zeit für Sonne Out: Zu wenig
    Schlaf nach langen Theaterproben – gääähn!

und

In: Mein Hund „Willi" (8) – ein brauner Pudel

Ja, was trieb den Regisseur dazu? Wir wissen nicht, wie diese geistigen Ergüsse zustande kommen. Ruft die Zeitung an, weil sie ein Opfer sucht, oder ruft die Kolumnistin, der Kolumnist an, weil sie, er mal wieder von sich reden machen will, selbst auf die Gefahr hin, dass sie, er sich lächerlich macht? Gibt es Geld für so was? Möglicherweise im Verhältnis zu den geschriebenen Weisheiten sehr viel? Wir wissen es nicht. Und es spielt letztlich auch keine Rolle. Jedenfalls wurden im angesprochenen Fall Sätze veröffentlicht, die angesichts der Probleme dieser Welt so hirnverbrannt banal sind, dass es jedem einigermaßen noch heilen Kopf weh tun muss. Uns jedenfalls tun sie weh, die Wedelsätze. Möglicherweise sind wir auch übertrieben sensibel.

Was man allerdings in diesen Tagen von dem großen Regisseur liest und hört, ist nicht mehr zum Lachen. In den 90er Jahren soll er junge Frauen, wahrscheinlich in irgendeiner Weise von ihm abhängige Filmsternchen, die also noch keine Sterne waren, es aber absolut werden wollten, notfalls auch mit einem Wedel im Bett, sexuell nicht nur belästigt, sondern zum Sex gezwungen haben. Wieso das den Damen erst heute einfällt, na gut, das wissen die wahrscheinlich am besten selbst. Wir sind keine Frauenversteher, wir wissen nicht, welche Männertypen auf Frauen wie wirken. Anders ausgedrückt, wir können den Sex-Appeal eines Mannes nicht einschätzen. Wenn wir es versuchen, können wir uns vorstellen, dass es mit dem großen Regisseur keine freiwillig gemacht hat. Das ist böswillig, wir nehmen es zurück und entschuldigen uns. Allerdings, gedacht ist gedacht, gesagt ist gesagt, und geschrieben ist geschrieben. Wie auch immer, wir sind einigermaßen perplex. Wir konnten es nicht wissen, so kundig sind wir nun einmal nicht in dieser Glitzerwelt. Aber wenigstens Dagmar Berghoff, Hannelore Elsner und Ingrid Steeger müssen es wohl tatsächlich freiwillig gemacht haben. Elsner und Wedel haben sogar einen gemeinsamen Sohn. Allerdings hat sie ihn auch verklagt, die Elsner den Wedel, weil er in seiner Biographie über sein Liebesleben mit ihr schwadroniert hat, wohl nicht so ganz im Sinne der Diva, und möglicherweise hat er sich dabei ja auch ziemliche künstlerische Freiheiten genommen.

Offenbar ist das Filmgeschäft sexistisch ziemlich verseucht. Dass es dort nicht wie im Kloster zugeht, hätte man sich wohl denken können und ableiten können aus dem, was da schon mal produziert wird in diesen Tagen. In diese Kategorie fällt – auch wenn es schon ein Weilchen her ist – „Basic Instinct", der Wahnsinnsfilm ohne Inhalt und Höschen aus dem Jahre 1992. Die Schauspielerin Sharon Yvonne Stone ist mit diesem Film – oder eigentlich durch eine Szene aus diesem Film – berühmt geworden. In der unvergessenen Verhörszene sitzt sie auf einem Polizeirevier fünf Männern gegenüber, die sie gierig ansehen und befragen. Gierig sind sie, weil ihr Gegenüber ein sehr kurzes Kleid trägt, weiß und ohne Ärmel. Als sie die Beine übereinander schlägt, gewährt Stone für einen kurzen Moment einen Blick unter ihren Rock. Die fünf geil sabbernden Polizisten und mit ihnen Millionen Zuschauer sehen, dass sie keine Unterwäsche trägt. Ihre prächtige Weiblichkeit ist für den Bruchteil einer Sekunde wunderschön zu bewundern. Die fünf geil sabbernden Polizisten, die der Stone am liebsten unter den Rock gekrochen wären, repräsentieren, so interpretieren wir den holländischen Regisseur Paul Verhoeven, alle geilen Typen dieser Welt, nicht zuletzt die Weinsteins und Wedels. Jede Frau ist zwar nicht so „schön" wie die Stone, okay, aber jede hat das Lockmittel zwischen den Beinen. Und jede könnte, mit einem hinreichen kurzen Rock ausgestattet, die Beine übereinanderschlagen und so aussehen wie die Stone, jedenfalls unterm Rock und für den Bruchteil einer Sekunde. Eben nur nicht immer zur rechten Zeit am richtigen Ort! Apropos Weinstein. Vor Kurzem wurde der amerikanische Filmproduzent Harvey Weinstein beschuldigt, eine nicht gerade kleine Anzahl Frauen vergewaltigt oder zumindest sexuell belästigt zu haben. Hat denn tatsächlich irgendjemand angenommen, dass es im deutschen Showgeschäft so völlig anders zugeht? Wo doch Hollywood vielfach als die Krönung der Karriere gesehen wird? Und hat der größte aller amerikanischen Präsidenten, Donald J. Trump, nicht doch recht: „Wenn du ein Star bist, lassen sie dich alles tun. Du kannst machen, was du willst." Oder nach einer anderen

Überlieferung: „Greif ihnen zwischen die Beine. Und dann kannst du alles machen." Der aufmerksame Zeitgenosse fühlt sich schon genötigt zu fragen, welche der Methoden zur Unterdrückung der Frauen eigentlich geeigneter, effizienter, „menschlicher" ist, die der westlichen oder die der islamischen Welt?

Der Experte

Es gibt beinahe zu jedem Thema Experten. Das Wort ist abgeleitet vom lateinischen „expertus", was so viel heißt wie „erfahren, kundig". Im Deutschen sagt man auch Fachfrau oder Fachmann. Im Fernsehen werden sie gerne hinzugezogen, wenn irgendetwas passiert ist, was erklärt werden soll. Besonders beliebt sind, den Zeiten geschuldet, Sicherheitsexperten und Automobilexperten. Jeder Sender, der etwas auf sich hält, verfügt über jeweils mindestens ein Exemplar davon. Doch solange die Ereignisse, für die man ihre Expertise braucht, noch frisch sind und sie genauso wenig fachmännisch dastehen wie der Nichtfachmann, geben sie schon mal Dinge von sich, die dem interessierten Zuschauer nicht selten die Haare zu Berge stehen lassen.

Automobilexperten sind, wie gesagt, zurzeit ziemlich gefragt, jedenfalls seit Winterkorn VW um ein Haar unter die Räder gebracht hat. Ferdinand Dudenhöfer ist der angesagte Automobilexperte, Professor an der Universität Duisburg-Essen, der auch schon mal relativ seltsame Erleuchtungen zum Besten gibt. Er ist nicht ganz unumstritten: „Pausenlos und ohne Gnade erzählt der Professor aus Duisburg den deutschen Automobilherstellern, was sie nicht hören wollen" (aus der Zeit Nr. 10/2015). Aber lassen wir ihn im O-Ton zu Wort kommen: „Die Zeit, dass das Auto ein Statussymbol war, ist vorbei …". Wir glauben ja auch, dass das so kommen wird, aber „dass das Auto ein Statussymbol war", das ist wohl denn doch eine Fehleinschätzung. Man muss sich nur umsehen auf deutschen Straßen und nicht nur auf deutschen. Unabhängig davon hat er viele Feinde, der Herr Professor, die Automobilbranche, versteht sich, speziell die Wolfsburger, aber auch der ADAC haben sich schon mit ihm angelegt. Aber „viel Feind, viel Ehr"! In der Affäre um manipulierte Abgaswerte bei VW in den USA legt Autoexperte Ferdinand Dudenhöfer dem Konzernchef Martin Winterkorn den Rücktritt nahe. Als direkter Verantwortlicher für Forschung und Entwicklung habe der Vorstandsvorsitzende entweder von den Manipulationen gewusst oder sei ahnungslos und habe seinen Geschäftsbereich nicht im Griff, sagte Dudenhöfer der Frankfurter Rundschau. Genau das hätten wir der Zeitung natürlich auch sagen können. Aber uns fragt keiner, und erst recht hört keiner auf uns. Solch eine Aussage hat man als Experte einfach in der Schublade. „In beiden Fällen würde ich sagen", so Selbstfahrexperte

Dudenhöfer weiter, „dass Winterkorn an der Konzernspitze nicht mehr tragbar ist." Gut, auch das hätten wir gesagt, wenn uns jemand gefragt hätte. Experte sein, das ist nicht schwer, Experte werden, dagegen sehr.

Adels- und Society-Experten haben es uns besonders angetan. Auch sie gibt es beinahe bei jedem Fernsehsender, vorrangig bei den privaten. Sehen wir uns doch mal eine von ihnen an und hören wir, was sie uns zu sagen hat: Sibylle Weischenberg ist eine bekannte Expertin. Die deutsche Bezeichnung für ihr Tun ist Gesellschaftsreporterin. Sie berichtet also über die Gesellschaft, die „feine", versteht sich, in den Regenbogenblättern und im Fernsehen, vorrangig bei Sat.1. Dort tauchte sie bis 2013 regelmäßig im Frühstücksfernsehen auf und klärte die Zuschauerinnen und Zuschauer über ziemlich weltbewegende Dinge auf. So warnte sie beispielsweise davor, nur ja nicht Gerüchten Glauben zu schenken, Königin Elisabeth habe Charles zum Geburtstag versprochen, in fünf Jahren abzutreten. Nein, überzeugt uns Sibylle, „die Queen wird nicht abtreten, bevor sie stirbt, sie stirbt und tritt erst dann ab." Der Prinz mit den großen Ohren, der seinerzeit gerne Camillas Tampon sein wollte, muss also noch eine Weile ausharren.

Sibylle, die Gesellschaftsreporterin, weiß nicht nur aus eigener Anschauung, dass Prinz Charles „Wurstfinger" hat, sie kannte auch Diana persönlich. „Wir haben uns sehr lange unterhalten. So als Mütter". Die auch politisch sehr kundige Reporterin prognostiziert auch auf diesem Feld schon mal Abenteuerliches. Dass Ministerpräsident Günther Oettinger sich nach der Trennung von seiner Frau mit einer sehr jungen Freundin zeige, sei ein Modernisierungssignal der CDU an neue Wählerschichten: „Man kann diese konservativen Parteien nicht mehr eins zu eins nehmen. Nein, da ging ein Ruck durch, und dementsprechend sehen wir jetzt auch neue Röcke." Nun wir glauben, dass wir auf diese Art von Ergüssen eigentlich gerne verzichten.

Dass es zu allem und jedem Experten gibt, liegt natürlich an unserer komplexen Welt. Ohne Experten ist sie kaum noch zu verstehen. Dummerweise mit Experten auch nicht. Man müsste Experte sein, um die falschen Experten von den richtigen trennen zu können. Aber dazu müsste man Experte für alles und jedes sein. Damit beißt sich die Katze endgültig in den Schwanz. Es ist also zwecklos, alles und jedes verstehen zu wollen. Wir müssen an der einen oder anderen Stelle notgedrungen Vertrauen schenken. Die Frage ist, wem wir vertrauen können. Den Geschäftemachern eher nicht. Den Politikern eher auch nicht, wenn auch sicher nicht allen im gleichen Maße nicht. Dann schon eher der Wissenschaft. Obgleich die auch schon einmal gerne mit den Herrschenden kungelt. Zuallererst sollten wir aber unserem eigenen Verstand trauen und uns fragen, und zwar in allen Fällen, wer er oder sie ist, der oder die uns Antworten gibt und welche oder vielmehr wessen Interessen er oder sie vertritt.

Der Künstler

„Kunst kommt von Künden, Kunde geben, etwas verkünden, erklären, deutlich machen, d. h. deuten. Die Gabe zu künden und dazu handwerkliches Können machen den Künstler aus." Zugeschrieben wird „Kunst kommt von Künden" auch Joseph Beuys. Der Künstler Otmar Alt hat „Kunst kommt von Künden" durch „Kunst heißt, ein Zeichen setzen" erweitert.

Die Fettecke ist ein Werk des deutschen Künders Joseph Beuys. Er brachte am 28. April 1982 in einer Ecke seines Ateliers im Hauptgebäude der Düsseldorfer Kunstakademie unterhalb der Raumdecke fünf Kilogramm Butter an. Das Können bestand wahrscheinlich in der Befestigung des Fünfkilobutterfett-klumpens. Die Kunde hat sich uns leider bis heute nicht erschlossen. Anlass der Installation war der für den darauffolgenden Tag vorgesehene Empfang des Bevollmächtigten des Dalai Lamas in Europa. Was der Bevollmächtigte des Dalai Lamas in Europa dazu gesagt hat, wenn er denn überhaupt etwas gesagt haben sollte, das würde uns schon sehr interessieren. Möglicherweise fühlte er sich ja auch an den europäischen „Butterberg" erinnert. Zur Erinnerung, das ist die Bezeichnung für die Butterüberproduktion in Westeuropa seit Ende der 1970er Jahre bis 2007 aufgrund staatlicher Subventionen. In der Folgezeit, nach dem Besuch des Bevollmächtigten des „ozeangleichen Lehrers" (so die wörtliche Übersetzung von Dalai Lama) des tibetischen Buddhismus diente die Plastik „als ständiges Demonstrationsobjekt". Aber was auch immer dieses Objekt wem demonstrieren sollte: Der Hausmeister der Kunstakademie ent-fernte 1986 das Fett. Beuys war da schon neun Monate tot und das Fett wahr-scheinlich schon ziemlich ranzig. Johannes Stüttgen war Schüler des Meisters, also Beuys Meisterschüler. Er beanspruchte das Eigentum an dem Werk, da Beuys seine Kunstaktion mit den Worten „Johannes, jetzt mache ich dir end-lich deine Fettecke" begonnen habe. Am 9. Oktober 1986 entdeckte Stüttgen „die völlig zerstörte Fettecke" in einem großen Abfalleimer der Kunstakade-mie und konservierte sie unter der Bezeichnung „Reste einer staatlich zerstör-ten Fettecke". Es kam zu einem Prozess. Schließlich zahlte das Land Nordrhein-Westfalen in einem Vergleich in zweiter Instanz 40.000 DM Scha-densersatz. Wir konnten es nicht in Erfahrung bringen, aber wir hoffen instän-dig, dass der so für seine Schmerzen entschädigte Künstler den Mammon, wenn möglicherweise auch nicht den geschundenen Kinder dieser Welt, dann doch wenigstens nicht der fettgesteuerten Kunst dieser Welt vermacht hat.

Was uns reizen würde, wäre das Ergebnis einer Volksbefragung über diese Art moderner Kunstobjekte. Das Ergebnis hätte wahrscheinlich keine ernstzunehmenden Konsequenzen, bis vielleicht auf ein kurzes Blitzgewitter in den Medien. Und wir wagen eine Vorhersage von mindestens 90 Prozent Neinstimmen auf die Frage „Ist das Kunst?" Schade, dass wir keine Gelegenheit haben, diese Prognose auf den Prüfstand zu stellen. In diesem Zusammenhang fällt uns Hape Kerkeling ein und sein Liedvortrag aus der Oper Hurz. Ein Musterbeispiel moderner Kunst. Gleichzeitig ein Spiegel, der den sogenannten Kunstsachverständigen vorgehalten wird. Und noch etwas kommt uns in den Sinn, das Märchen über des Kaisers neue Kleider.

Eines der jüngsten Kleider dieser Art, in diesem Fall in Form eines Musikstücks, stammt von dem deutschen Komponisten, Musikwissenschaftler und Essayisten Wolfgang Michael Rihm (*1952). Er ist durch zahlreiche Werke, Kompositionen für kleinere Besetzungen, Symphonien und Bühnenwerke bekannt. Rihm wurde, darauf wollen wir eigentlich hinaus, mit einer Komposition für die Auftaktveranstaltung in der Hamburger Elbphilharmonie am 11. Januar 2017 beauftragt. Was da zu hören war, im zweiten Teil der Eröffnungsfeier, „Reminiszenz. Triptychon und Spruch in Memoriam Hans Henny Jahnn", das hat uns die Ohren beinahe betäubt. Zugegeben, wir sind keine Musikversteher und beileibe keine Musiksachverständigen, wir präferieren auch keine Art von Musik. Aber wir interessieren uns brennend für die musikalischen Empfindungen der Gäste, die die Eröffnungsveranstaltung genießen durften, neben zahlreichen Gästen aus Kultur – die werden ihn ja sicher verstanden haben, den Spruch in Memoriam Hans Henny Jahnn – und Politik tausend Gewinner einer internationalen Kartenverlosung. Wir wagen keine Prognose, weil wir die Zusammensetzung nicht kennen. Aber wir können uns tatsächlich nicht vorstellen, dass bei einer Mehrheit der Gäste Rihm zu besonderem Hörgenuss beigetragen hat. Gerne würden wir auch in diesem Zusammenhang das Ergebnis einer Umfrage kennenlernen. Wir sind sicher, dass wir uns nicht geirrt haben. Leider ist uns die Umfrage auch in diesem Fall verwehrt. Es ist offenbar keiner bereit, sie in Auftrag zu geben.

Stars und Sternchen

Ein Star ist eine prominente Persönlichkeit mit überragenden Leistungen auf einem bestimmten Gebiet und einer herausgehobenen medialen Präsenz. So ist es jedenfalls bei Wikipedia zu lesen. Der Begriff Sternchen hat dagegen einen leicht negativen Touch. Man könnte ein Sternchen vielleicht als Person definieren, die herausgehoben medial präsent ist, ohne dass ihr überragende Leistungen auf irgendeinem Gebiet zugeschrieben werden könnten. Leistung ist hier sicher schwer zu messen. Ziemlich eindeutig ist beispielsweise, dass Boris

Becker, jedenfalls bis zu seiner Besenkammer-Nummer, ein Star war und danach nur noch ein Sternchen. Seine Leistung war überragendes Tennisspiel. Das hat er vielfach und überzeugend nachgewiesen. Etwas schwieriger ist die Leistungsbewertung in der Schauspiel- und Gesangskunst. Helene Fischer ist sicher ein Star. Ob dagegen ihre Gesangskunst überragend ist, können wir nicht beurteilen. Ihre Auftritte jedenfalls erinnern eher an eine Zirkusnummer. Wir bevorzugen denn auch die Definition von Sherwin Rosen, einem US-amerikanischen Ökonomen (*1938; †2001): Stars sind Personen, „die enormes Geld verdienen und die den Bereich dominieren, in dem sie tätig sind." Er kommt unserer Ansicht dadurch durchaus entgegen. Stars und Sternchen sind also Stars und Sternchen, auch ohne dass sie eine spezifische Leistung vollbringen.

Boris Becker war quasi „Markenbotschafter" von Mercedes, ein Testimonial, wie es in der Fachsprache heißt. Testimonials sind in der Branche Personen, deren Beliebtheit und Glaubwürdigkeit genutzt werden, um die Werbebotschaft für ein Produkt oder eine Dienstleistung emotional zu katalysieren. Wir vermuten, Boris Franz Becker ist der in der Regel eher seriösen Kundschaft des Autobauers nicht mehr gerecht geworden. Vielleicht wollte er ja auch wegen knapper Kasse nur seine Gage aufstocken? Jedenfalls wurde sein Vertrag vom Unternehmen vorzeitig gekündigt. Ein Mercedes-Sprecher: „Wir kommentieren das nicht."

Es ist klar, nicht nur der Autobauer der „Das Beste oder nichts"-Karossen hatte Interesse an Boris Becker. Schließlich kannte und verehrte ihn in seiner Glanzzeit beinahe die ganze Nation. Er war also durchaus geeignet als Werbeträger für alles und jedes. Und er wurde es auch. Die Frage „Bin ich schon drin?" war nicht an sein Lustobjekt Angela Ermakowa auf der verwinkelten Treppe zu den Toiletten des Edelschuppens Nobu in London gerichtet, sondern an die noch Netzmüden der Republik im Auftrage von AOL.

Er ist außerdem Mitgründer und Gesellschafter der Boris Becker GmbH im schweizerischen Küsnacht, inzwischen umgezogen an den Genfer See. Aber was ist das Geschäft dieser Firma? Wir haben es nicht herausgefunden, möglicherweise auch nicht weit und tief genug recherchiert. Es geht wohl um die Vermarktung von Rechten. Auch die Beantwortung der Frage, ob bei der Auswahl des ursprünglichen Firmensitzes die hohle Gasse von Küsnacht eine Rolle gespielt haben könnte, müssen wir schuldig bleiben. Möglicherweise in Anlehnung an Schillers „Durch diese hohle Gasse muss er kommen. Es führt kein andrer Weg nach Küssnacht", etwa so: „Durch diese Gasse muss der Hohle kommen. Es führt kein anderer Weg zum Geld"?

Der Wissenschaftler

Wissenschaftler kommen eindeutig zu kurz in unserer Glitzerwelt. Sie taugen nicht dafür. Ihre Ergebnisse sind in der Regel nicht für Schlagzeilen geeignet. Das breite Medieninteresse erwacht gewöhnlich erst dann, wenn beispielsweise wieder einmal eine 100 Jahre alte Vorhersage Albert Einsteins nachgewiesen worden ist.

Wir halten es für äußerst erstaunlich, was der Mensch in relativ kurzer Zeit, quasi nackt und unwissend auf diesen Planeten geworfen, bis dato zustande gebracht hat und aller Wahrscheinlichkeit nach noch zustande bringen wird. Vor sechs bis acht Millionen Jahren hat sich der Vorgängermensch in der afrikanischen Steppe beim Jagen von Wildtieren den aufrechten Gang angeeignet. Vor nicht ganz 800.000 Jahren hatte er bereits gelernt, mit Feuer umzugehen. Vor rund 300.000 Jahren fand, wie wir wissen, der allmähliche Übergang zum sogenannten Homo sapiens statt. Wir betrachten diesen Zeitraum als Geburtsstunde des modernen Menschen, wenn auch diese Annahme nicht unbedingt wissenschaftlich haltbar ist. Viel älter oder viel jünger wird das Lebewesen, das diesen Planeten bevölkert und das wir heute fälschlicherweise Homo sapiens, verständiger, vernünftiger Mensch, nennen, aber nicht sein.

Heute sind Vertreter dieses Menschentyps in der Lage, auf den Mond zu fliegen, Roboter auf unsere Nachbarplaneten zu schicken, Computer und Navigationsgeräte zu bauen, ein internationales Datennetz zu betreiben und zu ergründen, dass das Universum 13,8 Milliarden Jahre alt ist. Das ist zusammengefasst äußerst erstaunlich. Genauso erstaunlich ist aber auch der weltanschauliche Fortschritt, den der Mensch errungen – oder auch nicht errungen hat. Michael Schmidt-Salomon bringt es auf den Punkt: „Wir leben in einer Zeit der Ungleichzeitigkeit: Während wir wissenschaftlich/technologisch im 3. Jahrtausend leben, werden unsere Weltbilder von Jahrtausende alten Legenden und Mythen bestimmt.“[10] Und: „Wir verhalten uns wie Fünfjährige, denen die Verantwortung übertragen wurde, einen Jumbojet zu steuern.“[9]

Im „Manifest des evolutionären Humanismus“[7] stellt Schmidt-Salomon die zumindest für gottgläubige Menschen provokante Frage: „Glaubst du noch oder denkst du schon? Warum der Glaube an die Wissenschaft nicht mit ‚Wissenschaftsgläubigkeit‘ zu verwechseln ist“. Was uns an der Frage nicht gefällt, ist die Formulierung „Glaube an die Wissenschaft“. Sie unterscheidet sich nur marginal von den ersten Sätzen des christlichen Glaubensbekenntnisses: „Ich glaube an die Wissenschaft, die Mutter, die Allmächtige, die Schöpferin des Himmels und der Erde.“ Warum um Gottes Willen (nur eine anerzogene Floskel) sollte man *an die* Wissenschaft glauben? Warum nicht einfach *der* Wissenschaft glauben, Glauben schenken, noch besser, der Wissenschaft und ihren Methoden vertrauen, wenn auch nicht blindlings? Denn, wie sollte es anders sein, Wissenschaftler sind Menschen, die Wissenschaft betreiben, und Menschen lügen und betrügen schon einmal, wie wir wissen.

Der moderne Wissenschaftsbetrieb ist nicht unbedingt dazu geeignet, Betrügereien zu verhindern. Er beschäftigt heute so viele Menschen, wie in allen zurückliegenden Zeiten zusammengenommen.

Um in diesem Umfeld auf sich aufmerksam zu machen, gilt mehr als jemals zuvor „publish or perish", was so viel heißt wie „veröffentliche oder komme um". Wer also nicht schnell genug veröffentlicht, bleibt als Wissenschaftler auf der Strecke. Da werden gerne mal Statistiken frisiert, Daten weggelassen, schon mal zurechtgerückt oder in der Eile schlampig interpretiert und Unausgereiftes publiziert.

Als im März 2014 die Meldung über den Nachweis bestimmter Polarisationsmuster in der kosmischen Hintergrundstrahlung über die Ticker ging, schien das eine wissenschaftliche Sensation zu sein. Der US-amerikanische Astrophysiker John M. Kovac von der Harvard University und sein Team hatten mit dem Südpol-Radio-Teleskop „Bicep2" diese Muster entdeckt und als Folge der von der kosmischen Inflation generierten Gravitationswellen ausgemacht. Einige Wissenschaftler feierten diese Beobachtung sogleich, allzu voreilig, wie sich noch herausstellen sollte, als ersten direkten Nachweis von Gravitationswellen aus der ersten Sekunde nach dem Urknall und damit auch als Indiz dafür, dass die kosmische Inflation tatsächlich stattgefunden hat. Von einer nobelpreiswürdigen Entdeckung war schon die Rede. Und Alan Guth saß wahrscheinlich schon auf gepackten Koffern und in den Startlöchern für den Flug nach Schweden. Dass sich das Ganze schließlich als wissenschaftlicher Flop herausstellte, war zwar peinlich für das Team, peinlich für die, die zu früh gejubelt hatten. Auch ein wenig peinlich für die gesamte kosmologische Zunft, ist die doch scharf auf alles, was ihr Kunde bringt von der kosmischen Inflation. Auf ihr steht und basiert nämlich ihr gewaltiges Theoriegebäude. Und es würde einiges zusammenstürzen, wenn dieses Fundament wegbräche. Aber Peinlichkeit hin, Peinlichkeit her, es ist immerhin niemand zu Tode gekommen, und die Falschmeldung wurde auch ziemlich schnell als Falschmeldung entlarvt, und der Welt hat sie auch nicht geschadet. Zwei Jahre später gelang denn Rainer Weiss, Barry Barish und Kip Thorne auch der erste tatsächliche Nachweis von Gravitationswellen, die von der Kollision zweier Schwarzer Löcher vor 1,3 Milliarden Jahren herrührten. Die drei Wissenschaftler haben inzwischen den Nobelpreis erhalten.

Bei von Geschäftemachern bezahlten wissenschaftlichen Untersuchungen ist durchaus Skepsis angebracht. Die wohl wichtigste Frage dabei ist: Wer ist der Auftraggeber, wer bezahlt also die Untersuchung? Besonders anfällig für Fehler, aber auch für Manipulationen sind von der Pharmaindustrie in Auftrag gegebene klinische Studien, die nicht zuletzt die Marktfreigabe von Medikamenten zum Ziel haben. Sie versprechen Geld, Geld für die Auftraggeber und Geld für die Auftragnehmer. Auf der anderen Seite der Medaille allerdings Kosten, Kosten für das Gesundheitssystem und, falls die ganze Veranstaltung auf Schönung der Ergebnisse, um nicht zu sagen: Betrug gründet, auf Kosten der nicht Gesunden. Es gibt unzählige Beispiele derartiger Studien mit zum Teil fatalen Ergebnissen. Das Fachblatt British Medical Journal widmete dem heiklen Thema sogar ein ganzes Heft. Darin berichten kanadische Forscher um Joel Lexchin (von der York-Universität in Toronto) über ihre Prüfung von 30 wichtigen Studien aus den Jahren 1966 bis 2002. Die von der Pharmaindustrie bezahlten Arbeiten kamen dreimal so oft zu positiven Ergebnissen wie die aus anderen Quellen finanzierten. Daraus schließen die Autoren auf eine systematische interessengeleitete Verzerrung von Forschungsergebnissen (BMJ, Band 326, Seite 1167). Okay, das ist das Ergebnis einer (hoffentlich) wissenschaftlichen Untersuchung. Dagegen ist unsere rhetorische Frage „Sollte tatsächlich jemand ein signifikant anderes Ergebnis erwartet haben?" sicher unwissenschaftlich.

Bei klinischen Studien geht es um Milliarden. Entsprechend handelt sich um ein Geschäft mit viel Schatten und vielen Grauzonen. Auffallend ist, dass sich klinische Studien zunehmend nach Asien, Afrika, in den Mittleren Osten, nach Osteuropa und Russland verlagern, also weg von den USA und Europa. Einer der letzten Statistiken zufolge hat die Anzahl der Studien in den USA und Westeuropa deutlich abgenommen, obgleich dort mit einem Anteil von 40 bis 50 Prozent immer noch die meisten durchgeführt werden. Allerdings basieren diese Zahlen nur auf Schätzungen. Viele Studien sind nämlich länderübergreifend, und es ist deshalb nur schwer festzustellen, wie viele tatsächlich und wo stattfinden. Überhaupt ist es offenbar nicht einfach, an Daten über durchgeführte Studien heranzukommen. Vor allem, wenn der Nachfragende sich als an ethischen Aspekten der Studien interessiert outet. Dann sind weder Pharmahersteller noch Auftragsforschungsunternehmen sonderlich auskunftsbereit. Das Geschäft mit den klinischen Studien bleibt damit äußerst undurchsichtig. Die Skandale der letzten Jahre belegen, dass Missbräuche in dieser Branche nicht gerade Einzelfälle sind. Es ist klar, die Aussicht auf Milliarden lässt alle Beteiligten in eine Richtung ziehen.

Aber warum um Himmels willen gehen westliche Pharmatester zunehmend nach Asien und Afrika? Am Beispiel Indien wird es klar: 2005 wurden infolge einer Gesetzesänderung klinische Studien internationaler Konzerne über die Wirksamkeit von Medikamenten auch dann zulässig, wenn diese zuvor nicht andernorts getestet worden waren. Indien wurde damit zu einem begehrten Ort für Medikamententester. Die Inder wurden „human guinea pigs", menschliche Versuchskaninchen. Die Testfirmen konnten infolge der niedrigeren Personal- und Arbeitskosten bis zu 40 Prozent der Kosten sparen, die bei den vorgeschriebenen Tests anfallen, schätzen jedenfalls Experten. Die Entwicklung eines Medikaments kann bis zu einer Milliarde Euro kosten. 40 Prozent davon sind gut 400 Millionen. Das ist zugegebenermaßen ziemlich verlockend. Außerdem verfügt das Land über ziemlich viele freiwillige Testkandidaten. Es gibt unter den 1,2 Milliarden Indern viele arme und noch niemals mit irgendeinem Medikament behandelte Menschen. Diese durch keine Vormedikamente „verseuchten" und deshalb unverfälschte Ergebnisse versprechenden Personen sind ideale Testkandidaten. Die Inder waren dabei, Indien zum führenden Pharmastandort des asiatischen Kontinents zu machen. Probleme im Zusammenhang mit Studien internationaler Pharmafirmen waren dabei extrem kontraproduktiv. Ausländische Konzerne spendeten Arzneimittel und halfen, die Infrastruktur für landesweite Impfungen aufzubauen. Dass dabei international geltendes ethisches Regelwerk schon mal auf der Strecke bleibt, was soll's.

Der von den Verteidigern des Glaubens an jenseitige Welten nicht selten erhobene Vorwurf des „Wissenschaftsfundamentalismus" ist in sich widersprüchlich. Wissenschaft ist, falls sie wissenschaftlich betrieben wird, ergebnisoffen. Ihrer Vorgehensweise immanent ist der Zweifel. Wir fügen hinzu: falls sie ehrlich betrieben wird. Sie verkündet keine Dogmen und ewige und deshalb unantastbare Wahrheiten. Falls also tatsächlich jemand unerschütterlich und dogmatisch an spezifische Ergebnisse des wissenschaftlichen Forschungsprozesses glauben sollte, so würde er allein dadurch schon die Grundprinzipien des wissenschaftlichen Denkens verraten und sich als unwissenschaftlich denkend outen. Dennoch halten wir die Formel „Wissen statt Glauben", die zum Beispiel auch von der Giordano Bruno Stiftung verwendet wird, für ziemlich unglücklich. Die, die wissend sind, wissen, wie sie zu verstehen ist, zumindest sollten sie es wissen. Und die, die glauben, werden abgeschreckt, sie empfinden sie als ungebührlich überheblich. Insofern dient sie nicht der Sache: „Während Wissenschaftler wissen, dass sie nur etwas ‚glauben' (= für ‚wahr' halten), was heute angemessen erscheint, morgen aber möglicherweise schon überholt ist", schreibt Michael Schmidt-Salomon, „glauben Gläubige etwas zu wissen, was auch morgen noch gültig sein soll, obwohl es in der Regel schon heute widerlegt ist."

Noch pointierter und in Anlehnung an Karlheinz Deschner: Warum nicht einfach Wissen aufbauen, soweit man Wissen aufbauen kann, von Generation zu

Generation, das Widerlegte durch neue Erkenntnisse ersetzen, alles metaphysische Gemunkel preisgeben und jeden religiösen, jeden nicht religiösen und jeden wissenschaftlichen Absolutheitsanspruch aufgeben?

Das Genie

Ein Genie (vom lateinischen „genius", ursprünglich „erzeugende Kraft", später „Anlage, Begabung") ist eine Person mit überragender schöpferischer Geisteskraft, „ein genialer Wissenschaftler", „ein genialer Künstler" oder auch besonders herausragender Leistungen auf anderen Gebieten fähig.

Gelegentlich werden schon einmal Menschen mit einem Intelligenzquotienten über einer bestimmten Höhe als Genies gezählt. Das geht allerdings am Wesen des Begriffs vorbei, wie wir meinen. Ein hoher IQ ist möglicherweise eine notwendige Eigenschaft eines Genies, aber mit Sicherheit nicht hinreichend. Ein Genie ist deshalb ein Genie, weil der betreffende Mensch überragende Leistungen tatsächlich erbracht hat und nicht nur das Potenzial dazu besitzt. Ein Genie ist deshalb nicht nur intelligent. Kreativität, Phantasie und Intuition sind weitere Erfolgsfaktoren, die mindestens genauso relevant sind.

Am einfachsten sind wahrscheinlich Genies zu identifizieren, die zu das Weltbild verändernde naturwissenschaftliche Erkenntnissen gekommen sind, Gedanken hatten, die bis dahin noch niemand gedacht hat. In erster Linie Erkenntnisse der Physik, Astronomie und Kosmologie und in zunehmendem Maße Erkenntnisse der Biologie. Diese unsere Annahme wird durch die Liste der 100 größten Genies aller Zeiten belegt, die von dem amerikanischen Ingenieur Libb Thims aufgestellt wurde. Die ersten drei Plätze werden eingenommen von Johann Wolfgang von Goethe, Albert Einstein und Leonardo Da Vinci. Dann folgen bis Platz 14 ausnahmslos Physiker, Mathematiker und Ingenieure. Gut, das ist nur eine Liste unter wahrscheinlich vielen Listen dieser Art. Auf Platz 33 rangiert auf dieser Liste ein Michael Kearney. Sie kennen ihn vielleicht nicht, aber er hatte mit 22 immerhin vier Doktor-Titel, und der 35. der Liste, Ainan Cawley, konnte die Zahl Pi bis auf 518 Stellen hinter dem Komma rezitieren. Wir wollen dieses Können nicht schmälern, aber mit unserer Vorstellung von einem Genie hat das denn doch nicht viel zu tun.

Genies finden in der medialen Welt so gut wie keine Beachtung. Vielleicht Sportgenies, Fußballgenies, Tennisgenies, ja. Ob das Wort hier überhaupt passt, ist zumindest zu hinterfragen. Wir denken, es handelt sich in diesen Fällen um einen eher sorglosen Umgang mit dem Begriff.

Ein bekanntes Genie unserer Zeit war Stephan Hawking, wieder einmal ein Naturwissenschaftler. Obgleich sein Bekanntheitsgrad wahrscheinlich eher auf seiner Krankheit beruhte. Alan Guth, der Erfinder der Inflationstheorie, würde sicher auch als Genie in die Geschichte eingehen, falls sich seine Theorie vom inflationären Universum nicht als falsch herausstellen sollte – und natürlich der Ausnahmepolitiker Donald Trump, der Präsident der Vereinigten Staaten von Amerika, jedenfalls seiner eigenen Einschätzung nach.

Der Politiker

Politik sei ein schmutziges Geschäft, hört man allenthalben. Politiker sind Menschen, die Politik betreiben. Was sollte man von ihnen anderes erwarten?

Woran mag das wohl liegen? Es liegt quasi auf der Hand. Politiker werden ständig und überall beobachtet, sie machen Versprechen, damit sie gewählt werden, wohl wissend, dass sie diese in der Regel gar nicht halten können. Und wir sollten alle nicht so tun, als wäre uns unser eigener Vorteil gleichgültig. Das wäre verlogen. Anderen Menschen grundsätzlich zu unterstellen, sie handelten nur zu ihrem eigenen Vorteil, ist deshalb schäbig. Das Problem des Politikers besteht wohl darin, landauf und landab behaupten zu müssen, er dächte und handele uneigennützig und ausschließlich für das Wohl der Bürger.

„Ein Politiker hält leichter hundert Reden als sein Wort."[5]

„Politiker: jederzeit austauschbar, mal leutselig, mal arrogant, meist mehr Kehle als Kopf, oft etwas schmierig, nicht selten auch etwas geschmiert und stets – wie der Schaum – oben."[5]

„Was die Staatsmänner vor anderen Menschen praktisch voraushaben ist, dass in verwickelten Fällen ihre Beschränktheit sie zu einem Abschluss und ihre Gewissenlosigkeit zur Ausführung kommen lässt." (Franz Grillparzer[6])

Politiker reden gerne über Werte, nein, sie schwafeln geradezu und allzu gerne darüber, und das bei jeder Gelegenheit, die ihnen dafür geeignet scheint. Und in diesen Zeiten gibt es viele Gelegenheiten, die zum Schwafeln einladen, passende und weniger passende. Das Problem besteht darin, dass dabei die Werte schon mal auf den Kopf gestellt werden. Karlheinz Deschner formuliert das gewohnt scharf:[5] „Woran denken eigentlich jene, die ständig ‚unsere Werte' beschwören, doch nie sagen, was sie meinen? Es muss sehr schwierig auszudrücken sein."

In diesen Tagen geht ein Politiker um, der die Welt bereits in Atem hält, bevor er überhaupt angetreten war. Sein bevorzugter Kommunikationskanal mit seinem Volk und der Welt ist der Nachrichtendienst Twitter. Hier können angemeldete Nutzer telegrammartige Kurznachrichten verbreiten. Die Nachrichten werden „Tweets" (von englisch „tweet" = „zwitschern") genannt. Diese dürfen dummerweise nur maximal 280 Zeichen lang sein. 280 Zeichen für Antworten auf eine komplizierte und komplex strukturierte Welt. Das muss erst einmal jemand vormachen.

Präsident Donald Trump sieht die Rolle Deutschland in der EU so: „Sehen Sie sich die Europäische Union an, die ist Deutschland", sagte er in einem „Bild"-Interview. Und weiter: „Im Grunde genommen ist die Europäische Union ein Mittel zum Zweck für Deutschland." Deswegen sei es auch klug von Großbritannien, aus der EU auszutreten. Er erwarte, dass noch weitere Länder dem Beispiel folgen würden. „Menschen, Länder wollen ihre eigene Identität, Großbritannien wollte seine eigene Identität ... Die Leute wollen nicht, dass andere Leute in ihr Land kommen und es zerstören." Für die USA werde es aus seiner Sicht keine große Rolle spielen, ob die EU geschlossen oder zerrissen sei: „Ich habe nie geglaubt, dass das von Bedeutung ist. Schauen Sie, zum Teil wurde die Union gegründet, um die Vereinigten Staaten im Handel zu schlagen, nicht wahr? Also ist es mir ziemlich egal, ob sie getrennt oder vereint ist, für mich spielt es keine Rolle."

Auch von der NATO hält Trump nicht sonderlich viel, jedenfalls nicht von ihrem derzeitigen Zustand. In diesem sei sie „obsolet". Die Amerikaner trügen die Hauptlast, und das sei kein guter Deal für sein Land. Und Autos in den USA verkaufen wollen, die nicht dort gebaut würden, das sei auch kein guter Deal. Die Republikaner müssten ihren Präsidenten zu einer Kursänderung bringen, forderte der grüne Spitzenpolitiker Özdemir. Das klingt tatsächlich wie ein Treppenwitz. Der kleine Grüne Özdemir aus Germany sagt dem König der Twitterer Donald John Trump, dem Präsidenten von „first America", wo es lang gehen soll. Trump hat von Cem Özdemir sicher noch nie etwas gehört. Und dann ist er auch noch ein Grüner und sogar einer von den „fremden Leuten".

Der Kulturmensch

Kultur kommt vom lateinischen Wort „cultura", das so viel bedeutet wie Bearbeitung, Pflege, Ackerbau. Kultur bezeichnet im weitesten Sinne alles, was der Mensch selbst gestaltet und hervorbringt in Abgrenzung zur nicht von ihm veränderten Natur.

Computer- und Videospiele seien aus dem Alltag längst nicht mehr wegzudenken, sagte Merkel in ihrer Eröffnungsrede zur Gamescom 2018 in Köln. Wegzudenken schon, Frau Merkel, aber nicht wegzubringen. Computerspiele wurden im Übrigen zum Kulturgut erklärt. Wenn das mal keine kulturelle Entgleisung ist!

„Die Gamer von heute sind die IT-Fachkräfte von morgen", sagte Felix Falk, Geschäftsführer des Branchenverbandes BIU (Bundesverband Interaktive Unterhaltungssoftware). Und viele IT-Kräfte von gestern sind die Gamer von heute.

Man wird den Eindruck nicht los, dass wir uns zu einer Gesellschaft von Gamern entwickeln. Virtuell lebt es sich nun einmal einfacher.

Der Begriff „Deutsche Leitkultur" macht dieser Tage wieder einmal die Runde. Deutsche Leitkultur soll das sein, was die Deutschen ausmacht. Am 30. April 2017 schrieb unser damaliger Innenminister Thomas de Maizière einen Gastbeitrag für Bild am Sonntag und stellte darin zehn Eigenschaften einer deutschen Leitkultur vor. Einleitend schreibt er: „Einige Dinge sind klar. Sie sind auch unstreitig: Wir achten die Grundrechte und das Grundgesetz. Über allem steht die Wahrung der Menschenrechte. Wir sind ein demokratischer Rechtsstaat. Wir sprechen dieselbe Sprache, unsere Amtssprache ist Deutsch. Für all das haben wir ein Wort: Verfassungspatriotismus."

Verfassungspatriotismus: „Ein gutes Wort. Aber ist das alles? Demokratie, Achtung der Verfassung und Menschenwürde gelten in allen westlichen Gesellschaften. Ich meine: Es gibt noch mehr. Es gibt so etwas wie eine ‚Leitkultur für Deutschland'". Es war von vorneherein klar, dass de Maizière, um die Eigenschaften dieser Leitkultur zu benennen, das übliche akademische Gespreiz herunterbrechen musste auf allgemein Verständliches. Schließlich waren die Adressaten Leserinnen und Leser eines Blattes, das sich eher schon mal mit Stars und Sternchen, Fußball, Sport und allerlei Klatschgeschichten, okay, manchmal auch mit ein bisschen Politik beschäftigt, aber eher nicht mit so komplexen Themen wie der deutschen oder europäischen Leitkultur.

Die 10 Kulturleitlinien des Herrn de Maizière lauten also:

1. „Wir legen Wert auf soziale Gewohnheiten. Wir geben zur Begrüßung die Hand und nennen unseren Namen. Wir blicken unseren Gesprächspartnern ins Gesicht und lassen unsere Gesprächspartner in unser Gesicht blicken. Wir sind eine offene Gesellschaft. Wir sind nicht Burka.
2. Wir legen Wert auf Bildung und Erziehung. Bildung hat einen Wert für

sich, unabhängig von der beruflichen Verwertbarkeit.
3. Wir legen Wert auf Leistung. Wir fordern Leistung und Qualität, in der Wirtschaft, in der Wissenschaft, in der Gesellschaft, in der Politik. Wir legen Wert auf unsere sozialen Sicherungssysteme. Wir bieten Menschen, die Hilfe brauchen, die Hilfe der Gesellschaft an.
4. Wir legen Wert auf unsere Geschichte mit all ihren Höhen und Tiefen.
5. Wir legen Wert auf unsere musikalischen, literarischen und philosophischen Errungenschaften.
6. Wir legen Wert auf unsere weltanschauliche Neutralität. Wir sind aber den Kirchen und Religionsgemeinschaften freundlich zugewandt.
7. Wir legen Wert auf eine konsensorientierte Lösung von Konflikten.
8. Wir legen Wert auf die Liebe zu unserem Land, ohne die anderen zu hassen.
9. Wir legen Wert auf die kulturelle, geistige und politische Zugehörigkeit zum Westen.
10. Wir legen Wert auf unser kollektives Gedächtnis. Dazu zählen Orte wie das Brandenburger Tor und Erinnerungen an Ereignisse wie den 9. November."

Das soll also das sein, was uns Deutsche ausmacht, was uns zusammenhält und uns von anderen unterscheidet. Nicht so ganz klar ist uns, ob es sich bei diesem Katalog um Ist- oder Sollwerte handelt bzw. handeln soll. Einige Einträge sprechen für Ersteres, andere für Letzteres. Möglicherweise soll ja auch den eigenen Landsleuten erst einmal klar gemacht werden, was sie im Innersten zusammenhält bzw. zusammenhalten soll? Man könnte vielleicht noch ergänzen, falls man mehr Wert auf die Istwerte legt:

11. Wir legen Wert auf unseren samstäglichen Fußballzirkus, bei dem Hunderte Polizisten ihre Köpfe hinhalten, damit die echten Fans nicht zwischen die Fronten der Ultras und Hooligans geraten.
12. Wir legen Wert auf eine Autoindustrie, die lieber die Umwelt verschmutzt, als auf ein paar Kröten zu verzichten.
13. Wir legen Wert auf unsere Weihnachtsmärkte, auf denen wir alle Jahre wieder bei reichlich Glühwein und Bratwurst wochenlang den christlichen Gott verkaufen.
14. Wir legen Wert auf unsere unzähligen Wein- und Bierfeste, bei denen wir ungestraft einmal richtig die Sau raus lassen dürfen.
15. Wir legen Wert auf unsere Flatrate-Puffs, die immerhin als deutsches Alleinstellungsmerkmal innerhalb Europas gelten.
16. Wir legen Wert auf unsere Freizeitgesellschaft. Die Deutschen erachten Wirtschaftswachstum für wichtig – sind aber in der großen Mehrheit nicht bereit, sich selbst dafür anzustrengen (Meinhard Miegel in der Stu-

die „Der programmierte Stillstand").

Wir können unsere Ergänzungen auch positiv ausdrücken, dann dummerweise aber nur als Sollwerte der Kultur der Deutschen:

11. Wir legen Wert auf faire Fußballspiele und faire Sportereignisse ohne randalierende Ultras und Hooligans und ganz ohne Polizeieinsatz.
12. Wir legen Wert auf unsere Autoindustrie, die alle technischen Möglichkeiten umsetzt, um unsere Mobilität zu gewährleisten bei gleichzeitig minimaler Umweltbelastung.
13. Wir legen Wert auf unsere Weihnachtsmärkte, die uns zum Ende des Jahres zusammenführen und uns nachdenklich machen über unser Leben und unseren Planeten.
14. Wir legen Wert auf unsere Wein- und Bierfeste, bei denen wir gemeinsam feiern und unser Brauchtum pflegen.
15. Wir legen Wert auf eine anständige Behandlung der Frauen, die unseren honorigen und auch den nicht so honorigen Herren Liebesdienste leisten.
16. Wir legen Wert auf Leistungsbereitschaft und Anstrengung. In dem dadurch geschaffenen Rahmen gestalten wir unsere Freizeit.

Ja, und vielleicht auch das noch:

17. Wir legen Wert auf soziale Gerechtigkeit, auf angemessene Entlohnung, auf gleiche Entlohnung für gleiche Arbeit und auf „anständige", also nicht übertrieben hohe und skandalöse Managergehälter.
18. Wir legen Wert auf Politiker, die eher das Wohl des Volkes als ihr eigenes im Blick haben.

Und abschließend noch einmal de Maizières erster Punkt, mit einer kleinen Erweiterung und einer Auslassung:

1. Wir legen Wert auf soziale Gewohnheiten. Wir geben zur Begrüßung die Hand und nennen unseren Namen. Wir blicken unseren Gesprächspartnern ins Gesicht und lassen unsere Gesprächspartner in unser Gesicht blicken. Wenn wir in sozialen Netzwerken unsere Meinung äußern, tun wir das mit Respekt gegenüber anderen Meinungen, werden nicht ausfallend und beleidigend. Außerdem sagen wir, wer wir sind. Wir sind nicht Nicknames.

„Eine Komposition aus Steinchen verschiedener Farbe und Form, zusammengehalten durch einen Zement-Untergrund und einen Rahmen. Den Zement müssen Grundwerte bilden, die für alle, also für die aufnehmenden und aufgenommenen Menschen verbindlich sind: das Bekenntnis zur demokratischen Grundordnung und zum Verfassungsstaat; praktizierte Toleranz; eine gemeinsame Sprache, die das Funktionieren und die Kohäsion der Gesellschaft fördert. Jeder kann seiner eigenen Religion anhängen; alle können die eigenen Tänze tanzen und die eigene Cuisine kochen; jegliche Gemeinde darf das kulturelle Erbe, die Folklore der alten Heimat pflegen. Die überwölbende Gemeinschaft erträgt durchaus lebendige Untergemeinschaften – aber die Vielfalt hat sich in der Einheit zu bewähren. Das Rezept könnte auch in Deutschland taugen." So lautet das „Mosaikbild" von Amitai Etzioni, einem US-amerikanischen Soziologen deutscher Herkunft, wiedergegeben von Theo Sommer in seiner Kolumne „Integration ist nicht einfacher geworden" auf „Zeit online" am 9. Mai 2017.

„Kultur ist nur der dünne Firnis auf der Fratze unsrer Barbarei."[6]

Der gute Mensch

Wenn die Welt nicht so schlecht wäre, wie sie ist, brauchte sie keine guten Menschen.

Das Böse ist das böse Handeln und Denken einer Spezies, die in der Lage ist, böse zu handeln und zu denken, nicht mehr und nicht weniger.

Was konkret „böse handeln" bedeutet, legt das soziale Umfeld fest. Mindestens aber gilt: Böse handelt, wer einem Mitmenschen oder einer Mitkreatur bewusst Leid zufügt, böse denkt, wer einem Mitmenschen oder einer Mitkreatur gedanklich Leid zufügt. Für das Gegenteil des Bösen gilt dann analog: Das Gute ist das gute Handeln und Denken einer Spezies, die in der Lage ist, gut zu handeln und zu denken. Gut handeln bedeutet, einem Mitmenschen oder einer Mitkreatur bewusst Freude oder Wohlbefinden zu bereiten, gut denken, einem Mitmenschen oder einer Mitkreatur gedanklich Freude oder Wohlbefinden zu wünschen.

Für böses Handeln oder Denken ist nach dieser unserer Definition also ein Bewusstsein notwendig. Und über das verfügt auf diesem Planeten nur unsere eigene Spezies. Jedenfalls in der ausgeprägten Form, die im vorliegenden Kontext notwendig ist. Wir wollen uns an dieser Stelle nicht weiter mit der Frage beschäftigen, ob auch Tiere, denen man ein Bewusstsein zuschreibt, in der Lage sind, im definierten Sinne böse zu sein. Wenn es noch nicht untersucht wurde, dann sollte es untersucht werden und wird es sicherlich auch einmal. Mit diesen Einschränkungen ist der Mensch alleine und ausschließlich für das

Böse auf diesem Planeten verantwortlich. Dass er dabei keine rühmliche Figur macht und gemacht hat, zeigt uns die Geschichte. Und wahrscheinlich wird er auch keine rühmliche Figur mehr machen, bevor er endgültig von diesem Planeten vertrieben sein wird. Das ist unsere Prognose. Zugegeben, sie ist nicht von der allergrößten Hoffnung geprägt. Aber sie ist die Extrapolation der vergangenen und gegenwärtigen Verbrechen der Menschheit in die Zukunft. Die Menschheitsgeschichte ist eine einzige Kriminalgeschichte, in Anlehnung an Deschners „Kriminalgeschichte des Christentums": die Kriminalgeschichte der Menschheit.

„Alle Wärme geht vom Menschen aus. Und der ganze abscheuliche Rest kommt auch von ihm."[5]

DIE ÜBERNATÜRLICHE WELT

Es ist durchaus vernünftig, an ein Leben nach dem Tod zu glauben: Wer daran glaubt und sich geirrt hat, wird niemals davon erfahren, genauso wie derjenige, der nicht daran glaubt und recht hatte. Wer daran glaubt und recht hat, wird ewig im Paradies leben. Nur wer nicht daran glaubt und sich geirrt hat, wird es erfahren und ewige Höllenqualen leiden.

Nicht Gott hat den Menschen nach seinem Ebenbild erschaffen, sondern der Mensch Gott nach seinem.

„Jeder hat zunächst den Gottesglauben, den man ihm aufgeschwatzt hat; aber allmählich hat er den, den er verdient."[6]

Gott ist trivialerweise nicht menschenblind. So bescheuert ist der Mensch denn doch nicht, sich Götter zu schaffen, denen er egal ist (Oliver Welke sinngemäß in der „heute-show").

Einer der größten Fehler des Menschen war die Erschaffung des Allmächtigen.

In Anlehnung an Karlheinz Deschner: Die Technik war die schädlichste, die des Militärs die schändlichste und die der Religionen die dümmste Erfindung des Menschen.

Die einzige Möglichkeit, den Menschen zur Vernunft zu bringen, ist ihn glauben zu machen, dass er wiedergeboren wird und seine Stellung im neuen Leben von seinem Verhalten im alten abhängt. Dummerweise ist es wahrscheinlich zu spät, ihn das noch glauben machen zu können.

Alle Jahre wieder kommt das Christuskind ... Jetzt schon gut 2000 Jahre, und es hat sich nichts geändert. Es kehrte offenbar nicht in jedem Haus.

Seit Verkündung seiner Gebote hat er sich nicht mehr gemeldet, der alte Herr. Wahrscheinlich hält er sich versteckt. Der Ergebnisse wegen.

Die Welt brennt, und die katholische Kirche diskutiert ernsthaft über die Wiederverheiratung von Geschiedenen, obgleich es Geschiedene gar nicht geben kann.

Im Bistum Rom dürfen wiederverheiratete Geschiedene nach Einzelfallprüfung sogar die Kommunion empfangen. Im ersten Fünftel des 21. Jahrhunderts.

Groteske Auswüchse des Kreationismus: zum Beispiel die Behauptung, Mensch und Saurier hätten vor der Sintflut zusammengelebt. Erklärt wird allerdings nicht, warum die Dinos nicht in die Arche durften. Wahrscheinlich waren sie schon zu groß geworden.

Das Multiversum wäre ein wissenschaftliches Denkmodell für die Hölle, die Hölle als ein spezielles Universum des Multiversums, das Universum ohne Gott? Und der Himmel wäre dann die Mutter aller Universen, MOAU, Mother of all Universes, etwa in Anlehnung an die Mutter aller Bomben, MOAB.

Rund eine Million Säuglinge kommen an ihrem Geburtstag (Unicef 2015) in den Himmel, falls sie getauft wurden. Falls nicht, hatten sie zweimal Pech: ein extrem kurzes Leben auf der Erde und die Aussicht auf ein ewiges in der Hölle.

„Gott ist der einzige Herr der Welt, der weniger zu sagen hat als seine Diener.“[6]

Und Gott segnete sie und sprach zu ihnen: Seid fruchtbar und mehret euch und füllt die Erde und macht sie euch untertan und herrscht über die Fische im Meer und über die Vögel unter dem Himmel und über alles Getier, das auf Erden kriecht. Nichts hat der Mensch ernster genommen und konsequenter verfolgt als diesen Auftrag seines Schöpfers.

Es könnte durchaus auch sein, wie bereits Karlheinz Deschner argwöhnte[6], dass sich der alte Herr versprochen hat. Es sollte wohl heißen: „Seid furchtbar und mehret euch.“

„Dass die Physik einst das Nordlicht durch den Glanz der Heringe erklärte, ist lange nicht so verrückt wie die metaphysische Erklärung der Welt als Werk eines allmächtigen, allwissenden, allgütigen Gottes.“[5]

Das Dogma von der Dreieinigkeit halten wir für die abstruseste der Eigenschaften des christlichen Gottes, die sich die Religionslehrer jemals haben einfallen lassen. Wir wollen einräumen, dass es durchaus möglich ist, dass wir sie bis heute nicht verstanden haben. Oder auch unsere Religionslehrer bis heute nicht in der Lage waren, uns das Prinzip halbwegs überzeugend zu erklären. Und das Schlimme ist, sie kommen niemals los davon, selbst dann nicht, wenn sie es wollten und einsähen, dass es grober Unfug ist. Es handelt sich um einen unumstößlichen Glaubenssatz, um ein Dogma eben, eine von den Menschen erfundene Einrichtung, quasi um ein anthropogen-theologisches Naturgesetz.

Gott als Schöpfer und Weltenlenker

„Am Anfang war das Wort. Dann hat es ihm die Sprache verschlagen." (Heinrich Wiesner[6])

Wir leben in einem Universum, das sich so verhält, wie man es bei Abwesenheit eines Weltenlenkers erwarten muss.

Einst will der anglikanische Religionslehrer James Ussher (* 1581, † 1656) berechnet haben, dass Gott die Erde im Jahr 4004 vor Christus erschaffen hat, zusammen mit allen Tieren und Pflanzen. Deren Schönheit, Vielfalt und perfekte Anpassung an die Natur galten als Belege für die Macht des Schöpfers. Seit der Geburt unseres Planeten sei keine Art verschwunden oder dazugekommen. Diese Sicht der Welt haben wahrscheinlich auch die letzten Schöpfungsgläubigen inzwischen aufgegeben. Weil sie dem Tyrannosaurus rex bis auf einmal – 1993 im Dino-Park – nie begegnet sind.

Das teleologische Argument als Beweis für die Existenz Gottes lautet, dass die Erde so beschaffen ist, dass die Menschen ideal darauf leben können. Deshalb, so die Argumentation, muss sie mit der Absicht geschaffen worden sein, die Menschheit zu beherbergen. Es muss also ein Plan zu Grunde liegen. Ein Plan erfordert aber einen Planer. Dieser Planer ist Gott. Dummerweise handelt es sich dabei um eine fehlerhafte Beweisführung: Die Aussage, die bewiesen werden soll, wird bei der vermeintlichen Beweisführung nämlich schon vorausgesetzt. Es handelt sich um einen Circulus vitiosus, einen Zirkelschluss: Es soll die Existenz eines Schöpfers bewiesen werden unter der Voraussetzung, dass es einen Plan, also einen Schöpfer gibt. Denn einen Plan ohne Schöpfer gibt es nicht.

Die Kurzzeithypothese (auch Junge-Erde-Kreationismus) geht davon aus, dass Erde und Mensch erst vor weniger als 10.000 Jahren direkt von Gott geschaffen wurden. Dabei habe Gott größten Wert darauf gelegt, alles so aussehen zu lassen, als hätte er die Welt und die Menschen und alles, was da kreucht und fleucht, gerade nicht erschaffen. Noch bescheuerter geht es höchstwahrscheinlich nicht.

Wenn man annimmt, dass Gott die Naturgesetze erschaffen hat, die der Entstehung des Universums zugrunde liegen, kann man die Frage nach der Herkunft oder der Ursache Gottes stellen. Da es aber für Gott keine Ursache gibt – Gott ist per definitionem prima causa incausata –, lässt sich die Argumentationskette abkürzen und feststellen, dass die Naturgesetze keine Ursache haben, die

Naturgesetze also schon immer existieren. Mit anderen Worten ist das Naturprinzip – als Menge der Naturgesetze – prima causa incausata.

Wir denken, dass die Naturgesetze schon immer existieren und wirksam sind – was auch immer „immer" heißt – und das Universum oder, falls die Theorie vom Multiversum stimmen sollte, sämtliche Universen aus diesen entstanden sind. Mit dem Ende der lokalen Inflation, aus dem unser Universum hervorgegangen ist, entstanden unsere Raumzeit und die Gesetze unseres lokalen Universums. Nach Stephen Hawking ist das Universum ein in zeitlicher und räumlicher Hinsicht in sich abgeschlossenes System. Es gibt aber weder eine räumliche noch eine zeitliche Begrenzung. In diesem Sinne ist das Universum also auch „ewig". Es ergibt deshalb keinen Sinn, nach einer Zeit vor dem Anfang zu fragen. Nach Hawking kann es deshalb auch keinen Schöpfer geben, der „in der Zeit" das Universum hätte erschaffen können.

Da man sich über die genauen Abläufe in der Frühzeit des Universums noch nicht im Klaren ist, gehen wir bis zum Nachweis des Gegenteils – dieser wird höchstwahrscheinlich, wenn überhaupt jemals, erst nach unserer Lebenszeit möglich sein – davon aus, dass die Naturgesetze schon immer existent sind. Das scheint uns schlicht die einfachste und schnörkelloseste Erklärung. Wissenschaftlich ist diese unsere Annahme natürlich und leider nicht begründbar. Wie denn auch, möchten wir hinzufügen. Etwas genauer nehmen wir an, dass die Naturgesetze, auf denen letztlich alles basiert, was wir um uns herum wahrnehmen, schon immer existent sind und immer existent sein werden. Sie sind in dem Sinne vergangenheitsewig, dass es keinen vergangenen Zeitpunkt gibt, vor dem sie nicht wirksam waren, und in dem Sinne zukunftsewig, dass es keinen zukünftigen Zeitpunkt geben wird, nach dem sie nicht mehr wirksam sind. Bei der Annahme vergangenheitsewiger Naturgesetze ist die Frage nach ihrem Schöpfer obsolet. Im Grundsatz ist es dann unerheblich, ob wir die Naturgesetze Naturprinzip, Schöpfer, Gott oder sonst wie nennen. Diese unsere Vorstellung entspricht einer Art Glaube. Wir sind also gläubig, wenn uns einer fragt.

Ein Problem stellt sich aber spätestens dann ein, wenn man die weitere Entwicklung des Universums, nachdem es einmal „gezündet" war, unumstößlichen Naturgesetzen zuschreibt. Dann gibt es für eine göttliche Macht keinen Entscheidungsspielraum mehr. Das heißt dann aber auch, dass es keinen allmächtigen Gott gibt. Allmächtig sollte Gott per definitionem aber schon sein. Aus diesem Dilemma kommt man unseres Erachtens ohne geistige Klimmzüge und Verrenkungen nicht heraus. Man könnte zum Beispiel annehmen, dass Gott weiß, was seine Naturgesetze in Zukunft anrichten werden, er also allwissend ist, er andererseits seine Allmacht aber nicht ausspielen will. Das aber sind Legenden und zusätzliche Hypothesen und gehören unter Ockhams Rasiermesser. Wenn wir bis hierhin zusammenfassen, dann sieht es ziemlich schlecht aus für die Annahme der Existenz eines allmächtigen und allwissenden Schöpfergottes.

Der personifizierte Gott

Der personifizierte Gott bekommt allerlei gute Eigenschaften zugesprochen. Er ist, so sagt man, gerecht, barmherzig, gütig, gnädig, zuverlässig, vertrauenswürdig, heilig und wahrhaftig.

Die Frage, warum der gütige und allmächtige Gott das Leid in der Welt zulässt, ist keineswegs nur die bescheidene Frage zweifelnder Zeitgenossen. Unzählige Generationen von Philosophen und Religionslehrern haben sie gestellt, sie ist beinahe so alt wie die Menschheit selbst. Und sie ist bis heute nicht beantwortet. Sie wird auch niemals, und schon gar nicht übereinstimmend, beantwortet werden können. Theodizee wird das Problem genannt. Mit „Rechtfertigung Gottes" kann man es übersetzen. Gemeint sind die Antwortversuche auf die Frage, wie das Leid in der Welt zu erklären sei vor dem Hintergrund, dass Gott einerseits allmächtig und andererseits allgütig ist. Der Begriff Theodizee geht auf Leibniz zurück. Die Fragestellung selbst existierte aber schon in der Antike.

Das Problem der Theodizee lässt sich knapp und prägnant als Widerspruch aus einer Reihe von zunächst für richtig befundenen Aussagen formulieren:

o   Gott existiert.
o   Gott ist allmächtig.
o   Gott ist allgütig.
o   Das Leid der Welt existiert.

Diese Aussagen können aber unmöglich alle richtig sein. Sie führen nämlich zu einem Widerspruch, wenn man davon ausgeht, dass die Allmacht Gott in die Lage versetzt, das Leid der Welt zu verhindern und seine Allgüte das Leid der Welt nicht zulässt. Zu lösen ist dieser Konflikt, wenn man mindestens eine der Aussagen zurücknimmt oder abschwächt. Die letzte steht dabei außer Frage. Das lässt sich Jahr für Jahr, Tag für Tag, Stunde für Stunde, ja ständig erleben. Die einfachste und nach Ockhams Sparsamkeitsprinzip zugleich klarste und schnörkelloseste Lösung des Problems wäre die Verneinung der Existenz Gottes. Aber unsere Religionslehrer und Philosophen haben im Laufe der Jahrhunderte eine Vielzahl von Lösungsmöglichkeiten ersonnen.

Wir gehen nur auf zwei dieser Lösungen ein. Auf die erste, weil wir sie ungeheuerlich finden, auf die zweite, weil einer ihrer Anhänger immerhin Martin Luther war, der Begründer der lutherischen Kirche, zu der gegenwärtig immerhin knapp über 75 Millionen Mitglieder zählen.

Die erste Lösung ist die sogenannte Irenäische Theodizee. Sie ist benannt nach dem Kirchenvater Irenäus. Die Kernaussage lautet, dass Übel und Leiden für ein spirituelles Wachstum des Menschen notwendig seien. Diese Idee wurde von dem Theologen und Religionsphilosophen John Hick verbreitet. John Hick war Brite, ist am 20. Januar 1922 geboren und am 9. Februar 2012 gestorben, ein Zeitgenosse also. Wir fragen uns, wer eigentlich spirituell wachsen soll, wenn unschuldigen Kindern Leid zugefügt wird, ob durch Menschen, Kriege, Naturkatastrophen, Krankheit oder Unfälle. Wir fragen uns außerdem, wie ein höchstwahrscheinlich gebildeter, zumindest ein höchstwahrscheinlich gut ausgebildeter Bewohner dieses Planeten in dieser Zeit auf so eine wundersame Idee kommen kann. Wir halten sie nicht nur für ziemlich schwachsinnig, sondern auch für ausgesprochen widerlich.

Martin Luthers Lösungsvorschlag lautet wie folgt: „Gottes Ziel ist die Umgestaltung des Menschen [...] Sonst lernten wir denn nimmermehr, was Glaube, Wort, Geist, Gnade, Sünde, Tod oder Teufel wäre, wo es immer in Frieden und ohne Anfechtung zugehen sollte." Es braucht also eine Portion Unfrieden, dass der Mensch zur Vernunft kommt. Er muss gepeinigt und geschunden werden, damit er auf den rechten Weg findet. „Was für ein Gott!", möchte man angesichts dieser ebenfalls ekelhaften Theorie ausrufen. Martin Luther mag man aufgrund seiner frühen Geburt diese Ansicht nachsehen. Heute bleibt der aufgeklärte Mensch dazu aufgefordert, solchen Gedankenspielen ein jähes Ende zu machen.

Es gibt auch Theologen, die das Problem für unlösbar halten. Nach Karl Barth (*1886; †1968), einem Schweizer und evangelisch-reformierten Theologen, gibt es keine Lösung des Theodizee-Problems: „Wir sind nicht berechtigt, Gott anzuklagen. Wir können nur dialektisch vom Paradoxon reden." Diese Antwort überzeugt mit Sicherheit keinen eher gradlinig denkenden Menschen, der eine Antwort auf eine extrem simple Frage erwartet.

Ähnlich wie Barth äußern sich zeitgenössische Theologen wie zum Beispiel Alfred Buß, der bis 2012 Präses der Evangelischen Kirche von Westfalen war: „Ehrliche Theologie gesteht ein, dass es auf die Frage nach dem Sinn des Leidens keine Antwort gibt. Wer sie trotzdem versucht, setzt nur Irrlichter auf." Wir fragen uns, wie er die Irrlichter verstanden wissen will. Irrlichter, die zwangsläufig zu einer Verneinung der Existenz Gottes führen?

Aus dem Katechismus der katholischen Kirche: „Der Glaube gibt uns die Gewissheit, dass Gott das Böse nicht zuließe, wenn er nicht auf Wegen, die wir erst im ewigen Leben vollständig erkennen werden, sogar aus dem Bösen Gutes hervorgehen ließe." Prost Mahlzeit! Genau da haben wir sie, die Unergründlichkeit Gottes.

Die diesseitigen Freuden waren den Religionslehrern stets ein Dorn im Auge. Sie lenken zu sehr von den jenseitigen ab.

Die Gebote des christlichen Gottes

„Moral – ist meist eine Predigt dessen, der nicht daran glaubt, für den, der sich nicht darum kümmert."[5]

Die ersten drei der Zehn Gebote des jüdisch-christlichen Gottes beschäftigen sich ausschließlich mit ihm selbst. Dieser Gott ist im Übrigen von allen Göttern der, der den größten Wert auf sich selbst legt. Von den Zehn Geboten nimmt er immerhin 30 Prozent für sich in Anspruch. Diese Eigenschaft hat er dem von ihm geschaffenen Ebenbild übertragen. Jedenfalls ist das eine gute Erklärung für einige Verhaltensweisen des Homo sapiens.

Die ersten drei Gebote kann man leicht zu einem einzigen zusammenfassen. Das sechste unterscheidet sich so gut wie nicht vom neunten und das siebte nicht vom zehnten, jedenfalls mühen sich die Religionslehrer damit ab, den Unterschied aus- und dem gläubigen Laien klarzumachen, sodass aufs Wesentliche reduziert sechs Gebote bleiben. Genaugenommen zwei Gebote und vier Verbote. Zwei Dinge tun, nämlich Gott und die Eltern verehren, und vier Dinge nicht tun, nicht töten, die Ehe nicht brechen, nicht stehlen, nicht lügen und die Seele ist für alle Zeit gerettet.

Schmidt-Salomon nennt die Zehn Gebote trivial[7]. Trivial deshalb, weil sie für jede soziale Gruppe gelten müssen, wenn diese einigermaßen funktionieren soll – und nur auf die eigene soziale Gruppe seien die Zehn Gebote ihrem Selbstverständnis nach zu beziehen: Mord, Ehebruch, Betrug, Lüge müssen in einer funktionierenden Gruppe tabu sein. Das gilt für Kegelclubs, die Bandidos, die Black Devils und galt wohl auch für SA-Trupps.

Du sollst keine anderen Götter neben mir haben

Du sollst also genau an einen Gott glauben! Wer an viele Götter glaubt, der glaubt auch an einen. Das ist Mathematik. Und heute gibt es viele Götter, die verehrt werden: Die Hauptgottheiten sind unübersehbar Geld, Besitz und Reichtum, aber es gibt auch Nebengottheiten wie Sportstars, Popstars und Filmstars und, wie man anhand der Verkaufsstarts neuer Smartphones sehen kann, sogar Geräte, die inzwischen als verlängerter Arm, partiell auch schon als erweitertes, wenn auch nicht unbedingt denkendes Gehirn einer ganzen Generation fungieren. Ja und bei der älteren Generation immer noch der Klassiker: Autos, vorrangig nun SUVs mit bequemem, Hüfte und Knie schonendem Ein- und Ausstieg und hoher Sitzposition, auch schon mal als Rentnertraktor bezeichnet.

Knapp 50 Prozent der Deutschen glauben, dass es einen Gott gibt. 25 Prozent glauben an die Existenz einer anderen spirituellen Kraft, wobei unsere Vorstellungskraft nicht ausreicht, uns vorzustellen, worum es sich dabei handeln könnte. Weitere 25 Prozent glauben beides nicht, sie sind also überzeugt, dass es weder einen Gott noch eine andere spirituelle Kraft gibt. Ja, und die restlichen 3 Prozent wissen nicht, ob sie nicht oder doch oder was auch immer glauben.

Du sollst Vater und Mutter ehren

Das vierte Gebot steht, den Religionslehrern folgend, für die Familie. Du sollst Vater und Mutter ehren, dass du lange lebest und dass es dir wohl ergehe auf Erden. So oder so ähnlich hatten sie es uns beigebracht. Es klingt ziemlich bedrohlich und nennt die Strafe gleich mit. Falls du es nicht befolgst, wirst du nicht lange leben, und es wird dir nicht gut gehen auf Erden. Haben möglicherweise die, die ein kurzes Leben hatten und die, denen es dreckig geht auf diesem Planten, doch etwas falsch gemacht?

Apropos Familie: Alleinerziehende sind Erziehende, meistens Frauen, die sich ein Kind haben andrehen lassen und deren Andreher sich, aus welchen Gründen auch immer, aus dem Staub gemacht hat. Etwas seriöser: Alleinerziehende sind Mütter oder Väter, die ledig, verwitwet, dauernd getrennt lebend oder geschieden sind und nicht mit einem anderen Erwachsenen, jedoch mit ihrem Kind oder ihren Kindern in ständiger Haushaltsgemeinschaft zusammenleben. Man spricht in dem Kontext auch von Ein-Eltern-Familien. „Alleinerziehend" zählt nämlich zur Liste der sozialen Unwörter, die von der Nationalen Armutskonferenz gepflegt wird (was es nicht alles gibt!). Mit dem Begriff werde häufig fehlende soziale Einbettung und Erziehungsqualität assoziiert, so die Kritik. Wir erlauben uns kein Urteil, aber wenn es so wäre, hat die Begriffsumwandlung sicher nichts daran geändert. Der Begriff „Ein-Eltern-Familie" ist also nicht als Soziologenwitz gedacht, wie man zunächst vermuten könnte. Der Papst äußerte sich Mitte Juni 2018 sinngemäß: „Eine Familie kann nur aus Mann und Frau entstehen." Zerbrochenen Familien ist dieses Fundament abhandengekommen. Sie sind folgerichtig keine Familien mehr. Ziemlich eindeutig. Und was machen wir nun mit den Resten dieser Fundamente, lieber Franziskus? Es gibt nämlich eine ganze Menge davon. Unter den Erziehungsgemeinschaften machen sie immerhin beinahe 20 Prozent aus. Ihre Zahl liegt seit 2006 relativ stabil bei etwa 2,7 Millionen Alleinerziehenden.

Du sollst nicht töten

Aber was ist eigentlich mit den Hungertoten und denen, die vermeidbaren Krankheiten erliegen? Auf der Erde leiden etwa eine Milliarde Menschen Hunger. 37.000 sterben daran, täglich. Und alle fünf Sekunden verhungert ein Kind unter fünf Jahren. Verantwortlich dafür sind nicht nur die Politik, der IWF, die Nahrungsmittelkonzerne und die Biospritverfechter, wie Aktivisten schon mal gerne behaupten, nein, wir alle sind verantwortlich, wir, die wir gedankenlos, in unsere eigenen Probleme verstrickt, Schnäppchen jagend umherirren. Zu entscheiden wäre noch, ob es sich um Mord oder nur um fahrlässige Tötung handelt.

Ja, es wurde einiges getan, vom Staat und der Industrie, um die Anzahl der Verkehrstoten zu reduzieren. In den Köpfen der Verkehrsteilnehmer gibt es hier aber nach wie vor noch bemerkenswerte Defizite. Man muss sich nur umsehen auf unseren Straßen. „Freie Fahrt für freie Bürger", das war vor noch nicht allzu langer Zeit die Kampfparole des Allgemeinen Deutschen Automobil-Clubs gegen Begrenzungen der Geschwindigkeit auf deutschen Straßen. Im Jahr 1974 – die Unfallzahlen mit Todesfolge befanden sich seinerzeit mit ca. 19.000 Verkehrstoten auf einem Höchststand – agitierte der ADAC mit diesem Slogan gegen Bestrebungen, Geschwindigkeitsbeschränkungen auf deutschen Straßen einzuführen. In der ADAC-Chronik findet sich dazu folgender Eintrag: „1974: Der ADAC kritisiert den Tempo-100-Großversuch auf Autobahnen. Die ‚Motorwelt' kündigt an, dass der Club alles tun wolle, das ‚unrealistische Kriechtempo' zu verhindern." Diese Haltung machte dem Club einigermaßen zu schaffen. Politisch wirkte die Kampagne noch lange nach. Es war schließlich auch die Zeit der ersten Ölkrisen und der Sonntagsfahrverbote Ende 1973. 1989 verkündeten 20 größtenteils linksliberale Deutsche wegen ADAC-Aktionen gegen Tempo 100 auf der AVUS (einem etwa 8,3 km langen Teilstück der A 115 im Südwesten Berlins) öffentlichkeitswirksam ihren Austritt aus dem ADAC aus und machten ihn anschließend mit einer Annonce unter dem Titel „ADAC Ade" publik. Unter den Unterzeichnern der Annonce war zum Beispiel auch Günter Grass. Dem ADAC wurde vorgeworfen, „umweltfeindliches Verhalten" und „gemeingefährliche Raserei" zu fördern sowie den „Missbrauch des Wortes Freiheit". In Berlin traten daraufhin 2000 Mitglieder aus. Letztlich hat das dem Club kaum geschadet. Den Garaus hat er sich später eigenhändig zugefügt. Der renommierte ADAC-Autopreis „Gelber Engel" wurde zwischen 2009 und 2013 manipuliert. Neben der Teilnehmerzahl wurde auch die Rangfolge der Fahrzeuge gefälscht. Die Autohersteller haben daraufhin ihre Preise zurückgegeben, die sie bei der Wahl zum Lieblingsauto der Deutschen erhalten hatten.

In Deutschland ermorden sich etwa 10.000 Menschen pro Jahr selbst. Das sind immerhin knapp 30 pro Tag. Aber Moment, „ermorden", ist das das richtige Wort? Man kann sich mit Karlheinz Deschner durchaus fragen: „Ist Selbstmord, an dessen Vorgeschichte so viele teilhaben, überhaupt Selbstmord?" Gibt es also eigentlich gar keinen Selbstmord? Und ist der Selbstmörder überhaupt in der Lage zu beurteilen, was er tut, gegebenenfalls zu erkennen, dass er gegen den Willen seines Gottes handelt, der ihm geboten hat, nicht zu töten? Sicher nicht. Niemand kann wahrscheinlich nachempfinden, was in einem Menschen vorgeht, der ob seiner Lebenssituation verzweifelt ins Wasser geht, sich von einer Brücke stürzt, sich in eine Schlinge fallen lässt oder sich eine Kugel in den Kopf jagt. Im Übrigen tötet sich wahrscheinlich kein Mensch aus niedrigen Beweggründen. Niedrige Beweggründe unterscheiden die Tötung vom Mord. Wenn wir diesen Begriff anwenden, gibt es eigentlich keine Selbstmorde. Es gibt nur Selbsttötungen.

Killerspiele und Amokläufe werden gedanklich häufig zusammengebracht, und manche behaupten, dass Amoklaufende von Killerspielen inspiriert würden. Andere, vorrangig wohl die, die mit Killerspielen Geschäfte machen, also die Hersteller und Verkäufer, aber natürlich auch die Spieler selbst behaupten das Gegenteil. Sie vertreten die Meinung, dass kein Zusammenhang bestehe, dass also Killerspiele und Amokläufe nichts miteinander zu tun hätten. Tatsächlich wissenschaftlich bewiesen ist weder das eine noch das andere.

Es ist auch, mit Verstand betrachtet, kein einfacher Wirkzusammenhang zu erwarten. Etwa nach dem Muster: wenn Killerspieler, dann Amokläufer oder wenn kein Amokläufer, dann kein Killerspieler. Dafür ist die Arbeitsweise unserer Gehirne doch wohl ein wenig zu komplex. Und der wissenschaftliche Nachweis ist ziemlich schwierig. Eine hinreichend große Stichprobe von Amokläufen, die man für einen realistischen „Test" heranziehen könnte, fehlt. Gott sei Dank, sollte man hinzufügen.

Mit jedem neuen Amoklauf – und diese Taten nehmen, warum auch immer, an Häufigkeit offensichtlich zu – wird die Diskussion um ein Verbot der Killerspiele neu entfacht. Zuletzt durch unseren seinerzeitigen Innenminister. Klar sei, dass das „unerträgliche Ausmaß von gewaltverherrlichenden Spielen im Internet auch eine schädliche Wirkung auf die Entwicklung von Jugendlichen hat. Das kann kein vernünftiger Mensch bestreiten", sagte de Maizière nach dem Amoklauf in München, bei dem der 18-jährige Schüler David S. am 22. Juli 2016 im und am Olympia-Einkaufszentrum neun Menschen erschoss, vier weitere verletzte und sich schließlich, nachdem er von der Polizei gestellt wurde, selbst tötete. De Maizière implizierte damit, dass er nicht ausschließt, dass Killerspieler zu Amokläufern mutieren. Der Medieninformatiker Maic Masuch, der sich an der Universität Duisburg-Essen mit der Wirkung von Computerspielen beschäftigt, sagt dazu: „Kein vernünftiger Wissenschaftler kann das mit einer solchen Sicherheit behaupten. Und wenn das kein Wissenschaftler kann, dann kann das auch kein Minister." Jannis Brühl kommentierte im Artikel „Amoklauf in München. Zurück in die Nullerjahre: De Maizière reanimiert Killerspiel-Debatte" vom 23. Juli 2016 in der Süddeutschen: „Auch wenn de Maizière in einem Nebensatz vage sagt, ‚viele Studien' zeigten, wie gefährlich die Spiele seien, fehlt seiner These eine klare empirische Grundlage. Die Lage ist viel zu komplex für einen platten politischen Slogan." Dummerweise erhält man empirische Aussagen nur aufgrund von Testreihen mit einer hinreichend großen Stichprobe. Man muss also noch ein paar Amokläufe abwarten, bis man eine wissenschaftlich zuverlässige Aussage treffen kann. Also, weiter so! Im Zweifel für den Angeklagten! Die virtuellen Killer sollen also ruhig weiter killen, virtuell versteht sich. Deschner sagt[5]: „Seit Gangster täglich über den Bildschirm laufen, schaut man ihnen auch auf der Straße zu, als sähe man fern." Man könnte auch sagen: Seit die Leute täglich virtuell killen, schaut man ihnen auch auf der Straße zu, als killten sie virtuell. Abgesehen von dem Disput über die Wirkzusammenhänge von Killerspielen und Amokläufen halten wir alleine die Tatsache, dass sich unsere Kinder – und wohl nicht nur unsere Kinder – die Zeit mit Spielen vertreiben, in denen Menschen, wenn auch nur virtuell, mit wenn auch nur virtuellem Kriegsgerät umgebracht werden, für ungeheuerlich. In der realen Welt, das wissen wir, überziehen immer wieder reale Killer mit realem Kriegsgerät ganze Völker mit unsäglichem Leid. Eine virtuelle Erweiterung dieses vom Menschen verursachten Elends ist unbedingt überflüssig. Es gäbe sehr viele vernünftige Spiele zu spielen! Wir sollten unsere Mütter und Väter befragen, was sie davon halten, dass ihre Kinder Killer spielen. Wir behaupten, falls die Befragten nicht schon selbst infiziert sind, Killerspiele würden verboten werden müssen. Gebot 5a: Du sollst nicht virtuell töten! Aber leider meldet er sich nicht mehr, der Verkünder der Zehn Gebote. Und die, die vorgeben, in seinem Namen zu handeln, werden dummerweise nicht gehört. Sagen sie überhaupt etwas dazu?

Die Zulässigkeit von Schwangerschaftsabbrüchen (umgangssprachlich Abtreibung und medizinisch abruptio graviditatis) ist nach wie vor heftig umstritten. Im Widerstreit stehen stets religiöse Vorstellungen, das Selbstbestimmungsrecht der Frau – „mein Bauch gehört mir" – und das Lebensrecht des Embryos. Wobei der Embryo sein Lebensrecht sicher noch nicht artikulieren kann. Das machen für ihn die, die behaupten, er habe das Recht, auf die Welt zu kommen. Ob er auf diesem Recht bestanden hätte, wenn er hätte darauf bestehen können, lässt sich nicht beantworten. Rund 120.000-mal wird pro Jahr abgetrieben in unserem Land, also etwa 10.000-mal pro Monat. Für die Christen beginnt das Leben bei der Zeugung mit der Verschmelzung von Ei und Samenzelle. Zu diesem Zeitpunkt zieht auch die Seele in das neue Leben ein. Damit gestehen die christlichen Kirchen schon der gerade befruchteten Eizelle das Recht auf Leben zu. Eine Abtreibung gilt deshalb zu jedem Zeitpunkt innerhalb der Schwangerschaft als Kindstötung und damit als Verbrechen. Vor rund 150 Jahren noch galt auch in der römisch-katholischen Kirche die Lehrmeinung der Juden. Danach wird die Seele dem Embryo erst am 42. Tag der Schwangerschaft eingehaucht, von Gott natürlich, von wem auch sonst. Abbrüche innerhalb der 42 Tage waren somit erlaubt. Eine vergleichbare Vorstellung findet man im Islam. Es klingt beinahe noch verrückter, ist aber auch eine ziemlich praktische Lösung des Problems: Innerhalb von 42 Tagen weiß Frau normalerweise, ob sie schwer geworden ist infolge ihrer Einlassung, und sie hat auch noch Zeit genug, nach der Feststellung ihres Zustandes eine Engelmacherin ausfindig zu machen, die sie von der schweren Last befreien kann.

Papa Franziskus, Oberhaupt der katholischen Kirche: „Ich frage euch: ist es gerecht, jemanden umzubringen, um ein Problem zu lösen? Das kann man nicht machen, es ist nicht gerecht, einen Menschen umzubringen, auch wenn er klein ist. Es ist, wie einen Auftragsmörder zu mieten, um ein Problem zu lösen." Bevor wir uns aufregen, was ist eigentlich ein Auftragsmord? Die Ermordung eines Menschen, ausgeführt von mindestens einer Person, eben dem Auftragsmörder, der von einer oder mehreren Personen oder Organisationen oder einem Staat bezahlt oder in anderer Form entlohnt wird. Aber müssen wir uns überhaupt aufregen? Papa Franziskus spricht ausschließlich seine Klientel an, kann auch nur seine Klientel ansprechen. Die muss und kann entscheiden, ob sie der Meinung ist, dass das ihr Gott auch so sieht. Und dann sollte sie um Gottes willen die Konsequenzen ziehen.

Wir sehen uns die Geschichte noch einmal an: Dem Menschenkind wird im Augenblick der Verschmelzung von Ei- und Samenzelle also die von Gott gewollte unsterbliche Seele eingehaucht. Ab genau diesem Zeitpunkt der Befruchtung beginnt das gottgewollte menschliche Leben. Dieses gottgewollte Leben darf der Mensch nicht töten. Wer das für richtig hält, der muss dem Papa zustimmen. Es ist nur konsequent.

Du sollst nicht die Ehe brechen

Die Ehe brechen heißt fremdgehen, also mit einem oder einer anderen als dem eigenen Partner bzw. der eigenen Partnerin ins Bett steigen. Wir denken, Bordellbesuche zählen auch dazu. Oder vielleicht doch nicht, weil ja Liebe dabei keine Rolle spielt? Und die Ehe ja eigentlich auch nicht, weil ja die Ehefrau nichts davon erfährt? Es fällt nicht leicht in der heutigen Zeit, diesem 6. Gebot zu folgen. Ist doch Sex allgegenwärtig in unserer modernen Welt. An jeder Straßenecke, in jedem Film, in beinahe jedem Werbeclip, zuoberst im Netz, springen dem Betrachter Busen und schöne Hinterteile entgegen, meist schönere jedenfalls, als die, die Mann und Frau normalerweise zu Gesicht bekommen. Oder war es in früheren Zeiten auch nicht anders, eben nur nicht so öffentlich, fand eher im verschlossenen Kämmerlein und sogar hinter Klostermauern statt? „Die frommen Geistlichen", schreibt Karlheinz Deschner, „pflegten schon im Mittelalter alles zu vögeln, was eine Vagina hatte, Ehefrauen, Jungfrauen, kleine Mädchen und, wie wir nicht ohne Grund vermuten dürften, weibliche Tiere. Die Homosexualität florierte in den Klöstern seit deren Bestehen. Wo es an Männern mangelte, man den Nonnen nicht einmal die Beichtväter gönnte, mussten sie oft mit Kindern vorliebnehmen."[8] Besonders leicht machte es sich ein südeuropäischer Herrscher: „Praktisch. Lichtenberg berichtet von einem portugiesischen Monarchen, der zum nächtlichen Tête-a-tête mit einer Nonne stets samt Beichtvater und Hostie kam – gewiss das Optimum in der Bußpraxis der Gemeinschaft der Heiligen. Und wird auch nicht jeder gläubige Sünder gleich nach seinem Fall gereinigt und wieder fit gemacht für den nächsten, alles geschieht da Schlag auf Schlag: Sünde, Entsündung, Sünde, Entsündung, ein ganzes Christenleben lang. Wie Nietzsche höhnt: Man lispelt mit dem Mündchen, man knickst und geht hinaus, und mit dem neuen Sündchen löscht man das alte aus." Und was schließen wir daraus? Dass es keinen Sinn hat, dem Menschen Gebote aufzunötigen, die gegen seine Natur sind. Jedenfalls hat das zweitausend Jahre nicht funktioniert und wird für die nächsten zweitausend wahrscheinlich auch nicht funktionieren. Er, der Mensch ist alleine verantwortlich.

Im Islam hat man eine ziemlich praktikable Umgehung gefunden für dieses immanente Menschenproblem. Sex ist auch im Islam, genau wie im Christentum, nur innerhalb der Ehe erlaubt. Im Islam wird diese Regel sogar noch etwas ernster genommen. Daher heiraten Muslime vergleichsweise jung. Im Idealfall ist die Hochzeitsnacht der früheste Zeitpunkt, zu dem eine Menschenfrau zum ersten Mal mit einem Menschenmann Geschlechtsverkehr hat. Das soll ja auch in unserem christlichen Abendland noch nicht allzu lange her sein, dass man bis zur Ehe warten musste, obgleich es allenthalben vorher schon geübt wurde. Eigentlich ist diese Vorschrift relativ unmenschlich, für Christen wie für Muslime. Die Muslime waren allerdings ein wenig gewitzter als ihre christlichen Brüder und Schwestern. Die Schiiten beispielsweise haben die Kurzzeitehe erfunden. Diese kann im Extremfall nur ein paar Minuten dauern, eben so lange wie ein überhasteter Liebesakt. Wir wollen nicht unnötig Öl ins Feuer gießen, aber wir fragen uns schon, ob da die Zeit überhaupt reicht, die Burka auszuziehen. Unabhängig davon, Eheschließung für einen Quickie, was für ein Aufwand! Vor allem in Pakistan, aber auch in anderen islamischen

Ländern – inzwischen natürlich auch bei uns, der Islam gehört schließlich zu Deutschland –, das ist tatsächlich der Gipfel der religiös begründeten Perversion, gibt es Kliniken, die die Jungfräulichkeit wiederherstellen.

Dieser Eingriff sollte laut Auskunft einer Webseite mit dem sprechenden Namen www.schoenheitsgebot.de „nur von erfahrenen Ärzten vorgenommen werden. Sind noch Reste des Hymens vorhanden, wird es einfach wieder zusammengenäht. Wenn das Jungfernhäutchen nicht mehr vorhanden ist, wird mit körpereigenem Gewebe der Vagina ein neues Hymen rekonstruiert, das die Vagina wieder verschließt. Die Patientin wird während des chirurgischen Eingriffs lokal betäubt. Zwei Wochen nach dieser kleinen Operation kann auch ein Experte nicht mehr feststellen, ob es sich um eine Kon- oder Rekonstruktion handelt. Das Jungfernhäutchen hält dann maximal zwei Jahre." Und was ist dann? fragen wir uns. Das kann nur heißen, spätestens alle zwei Jahre Hymeninspektion, wenn es nicht bis dahin schon passiert ist, das Perforieren des Hymens durch einen legitimierten Hymenperforierer. Nach dem Eingriff sollten die jungen Frauen vorerst keine Tampons benutzen, für sechs Wochen Sportarten wie Reiten, Radfahren und Joggen meiden und sich bitte nicht selbst befriedigen, mit einem Dildo auf gar keinen Fall.

Es gibt aber auch Risiken bei der Hymenrekonstruktion, weniger bei dem Eingriff selbst. Der ist relativ ungefährlich. Nein, das Risiko liegt gerade im Erfolg der Rekonstruktion: Beim ersten Geschlechtsverkehr nach wiederhergestellter Jungfräulichkeit könnte das Hymen zwar reißen, aber nicht bluten. Das wäre natürlich ärgerlich. Darum ging es ja schließlich, dass der Entjungferer feststellen kann, dass er eine Jungfrau vor sich hatte. Gott sei Dank gibt es Kliniken, die der Patientin versprechen, dass beim ersten Geschlechtsverkehr nach der Wiederherstellung Blut fließen wird. Das soll aber relativ unsicher sein, behaupten wiederum die Jungfernhäutchenexperten. Es gibt deshalb Ärzte, wenn man diese Spezies Ärzte nennen darf, die pflanzen zusätzlich ein kleines Blutpolster am Scheideneingang ein, das durch Reibung zerstört wird und so das gewünschte Blut liefert. Was wir aus dieser Geschichte lernen können: Der Mensch und natürlich auch die Menschin sind, jedenfalls partiell, ziemlich bescheuert.

Du sollst nicht stehlen

Was macht die Kirche mit ihrem Geld? Ganz kurz und grob gefasst verwenden beide Kirchen, die katholische wie die evangelische, ca. 70 Prozent für Personalkosten, ca. 10 Prozent für Sachkosten und Verwaltung, ca. 10 Prozent für Schule und Bildung und ca. 10 Prozent für Soziales und Karitatives. Das mag erstaunlich klingen, vielleicht nicht für Kenner der Situation, aber in jedem Fall für die, die diese Zahlen zum ersten Mal sehen.

Etwa 70 Prozent Personalkosten, das ist zumindest auffällig, wo doch den Kirchen – möglicherweise in Unkenntnis – unterstellt wird, dass sie sich dafür einsetzen, das Elend dieser Welt zu mildern. Stattdessen, so sieht es jedenfalls aus, beschäftigen sie sich vorrangig mit sich selbst. Das vordergründig wichtigste Personal der Kirchen sind diejenigen, die für die christliche Seelsorge zuständig sind, Pastoren bei den Katholiken, Pfarrer bei den Protestanten. Die Besoldung von Geistlichen der beiden Großkirchen entspricht der von Staatsbeamten im höheren Dienst.

In beiden Kirchen werden Pfarrer zunächst nach A13 (entspricht im Grundgehalt einem Regierungsrat) und ab ca. dem 40. Lebensjahr in der Regel nach A14 (= Oberregierungsrat) bezahlt. Und einige, wenn auch nicht die meisten, steigen zu A15 (= Regierungsdirektor) oder sogar A16 auf. Die geistlichen Herren erhalten in den meisten Fällen ein 13. Monatsgehalt und natürlich alle im öffentlichen Dienst üblichen Zuschläge (Urlaubsgeld, vermögenswirksame Leistungen). Fast immer wohnen die geistlichen Herrschaften in Pfarrhäusern mit einem vergleichsweise bescheidenen Mietzins. Im Vergleich zum nicht geistlichen Mitmenschen spart der geistige, wenn auch abhängig von Wohnort und Wohnlage, viele Euro pro Monat. Ein bisschen Krankenversicherung muss er auch noch zahlen, der geistige Herr. Das war es dann aber auch schon. Sozialversicherungsbeiträge entfallen. Wir wollen das Thema nicht unnötig aufblähen. Dass es ein Skandal ist, ist jetzt schon klar. Ach ja, die Kosten für die katholische Pfarrhaushälterin werden zu 50 bis 75 Prozent (abhängig vom Bistum) aus Kirchensteuern bezahlt. Dem geistlichen Herrn wird nur der Rest aufgebürdet, und den kann er auch noch von der Steuer absetzen. Alles in allem bleiben ihm ganz grob gerechnet nicht viel weniger als 5000 Euro im Monat. Okay, das ist brutto, netto vielleicht 4000? Uns fallen die durchschnittlichen Median-Äquivalenzeinkommen ein, die 2015 bei exakt 18.586 Euro pro Jahr, also bei monatlich 1.549 lagen (siehe auch unsere Ausführungen mit dem 10. Gebot weiter unten), die Männer und Frauen, die mit Hungerlöhnen abgespeist werden, die entlassen und als Leiharbeiter mit weniger Recht und weniger Lohn weiterarbeiten dürfen, die mit einem Einkommen nicht mehr auskommen, die Rentnerinnen und Rentner, die kaum noch die steigenden Mieten bezahlen können – 900.000 von ihnen arbeiten noch, wenn auch teilweise freiwillig –, der Familienvater, der kaum noch zurechtkommt, die Frisörin, die mit 1000 Euro abgespeist wird. Die geistlichen Herren zählen zu den eher Einkommensreichen, obgleich der Sohn des Zimmermanns Josef aus Nazareth und seiner Verlobten Maria zu einem, der ihm nachfolgen wollte, so gesprochen hat: „Die Füchse haben Gruben und die Vögel unter dem Himmel haben Nester; aber der Menschensohn hat nichts, wo er sein Haupt hinlege" (Lukas 9, 57). Aber es kommt noch heftiger. Die Chefs der mittleren Ebene der Gottesvertreter, die Bischöfe – wir beschränken uns abermals auf die katholischen Vertreter; bei den evangelischen ist es aber nicht viel anders – werden mit Ausnahmen nicht über die Kirchensteuer entlohnt, sondern unmittelbar vom Staat und das nicht schlecht, wie man nach dem, was, siehe oben, schon ihren Untergebenen zusteht, leicht vermuten kann. In den westlichen Bundesländern beziehen sie ein Gehalt meist ab der Besoldungsstufe B6 wie Generale. Sie zählen schließlich auch zum Generalstab Gottes. Erzbischöfe werden bis nach B10 besoldet, quasi als die obersten Generale Gottes, von dessen unmittelbarem Stellvertreter mal abgesehen. Mit allem Drum und Dran kommen sie dann schon mal auf 10.000 bis 13.000 Euro und eine stattliche Pension von gut 70 Prozent davon.

Auch die Wohnungssituation dieser Generale im Generalstab Gottes ist beileibe nicht unter der Würde eines Gottesvertreters. Das wohl berühmteste Beispiel ist das Domizil des ehemaligen Bischofs von Limburg, des Franz-Peter Tebartz-van Elst, seinerzeit nicht nur Bischof, auch habilitierter Pastoraltheologe, also so etwas wie ein Professor Gottes, ein Gottesprofessor. Der Bischof hatte sein Domizil, die 283 Quadratmeter große Residenz auf dem Domberg zu Limburg, für 31 Millionen Euro herrichten lassen. Er hatte einen durchaus erlesenen Geschmack, der Franz-Peter Tebartz-van Elst: Designer-Badewanne für 15.000 Euro, Konferenztisch für 25.000 Euro, Adventskranz mit Seilzug, Koi-Karpfen im Gartenteich für insgesamt 231.000 Euro, Wurzelheizung für den Olivenbaum. Selbst für den Fall, dass die genannten Zahlen nur ungefähr stimmen sollten, die 31 Millionen wurden nachweislich verpulvert. Auch Franz-Peter hatte es wohl schlichtweg vergessen, was sein oberster Herr, der Sohn des Zimmermanns Josef aus Nazareth und seiner Verlobten Maria zu einem, der ihm nachfolgen wollte, über den Besitz gelehrt hat.

Es liegt ziemlich im Dunkeln, wie die Kirchen eigentlich ihr Geld anlegen, in welche Aktien und Anleihen sie investieren und welche Steuerschlupflöcher sie nutzen. Es wäre aus unserer bescheidenen Sicht sehr verwunderlich, wenn sie Letzteres nicht täten. Aber immerhin, sie haben sich einen eigenen Kodex verpasst. Wir wissen nicht, welche Art von Firmen er umfasst. Wir wissen nur, welche er umfassen müsste, wobei wir keinerlei Anspruch auf Vollständigkeit erheben, also: Rüstungsfirmen zum Beispiel, Unternehmen, die Kondome und Antibabypillen herstellen und vertreiben, Unternehmen, die ihr Geld mit Pornografie verdienen, sicher auch Praxen, die ohne medizinische Indikation Brüste und Penisse vergrößern, Hymen rekonstruieren und Vaginen verschönern, die Medien- und Telekommunikationsunternehmen allesamt, Werbefirmen, die sexistische Darstellungen zulassen, die meisten Fernsehsender und

Netzbetreiber, die komplette Sexindustrie, und natürlich Banken, die Rüstungsfirmen finanzieren, Unternehmen, die Kondome und Antibabypillen herstellen
und vertreiben, Unternehmen, die ihr Geld mit Pornografie verdienen, sicher
auch Praxen, die ohne medizinische Indikation Brüste und Penisse vergrößern,
Hymen rekonstruieren und Vaginen verschönern, die Medien- und Telekommunikationsunternehmen allesamt, Werbefirmen, die sexistische Darstellungen
zulassen, die meisten Fernsehsender und Netzbetreiber und die komplette Sexindustrie. Im Prinzip also alle. So weit sind wir also gekommen. Die Kirche
kann nicht einmal mehr ihr Geld anlegen, ohne rot zu werden.

Bezahlbarer Wohnraum: Ziemlich plötzlich haben unsere Politiker die vom
normalen Einkommensbezieher kaum noch zu bezahlenden Mieten als Mutter
der sozialen Probleme ausgemacht. Steigende Mieten sind aber keine Naturer-
eignisse, sie resultieren ausschließlich aus den Handlungen einer gierigen und
nimmersatten Spezies.

Du sollst nicht lügen

Kleriker lügen, Politiker lügen, Manager lügen, alle lügen, jedenfalls manchmal. Nur, die Lügen der kleinen Leute richten meist keine großen Schäden an.
Wir denken an ein paar der größeren Lügner: der bisher wahnsinnigste der
deutschen Führer, Adolf Hitler, zur Begründung seines Einmarsches in Polen,
die Polen hätten auf deutsche Grenzsoldaten geschossen, sein Propagandami-
nister Dr. Joseph Goebbels in wahrscheinlich jeder seiner propagandistischen
Reden, der 37. Präsident der USA Richard Milhous Nixon im Kontext der
Watergate-Affäre, der 36. Präsident der USA Lyndon B. Johnson, der sich mit
der Lüge von der Attacke im Golf von Tonkin den Vietnamkrieg hat genehmi-
gen lassen, der 43. Präsident der USA George Walker Bush, der mit der Lüge
über die Bewaffnung des Saddam Husseins den dritten Golfkrieg angezettelt
hat – „…als löge man nicht längst vor jedem Krieg auf Teufel komm raus! Als
löge man im Krieg nicht einfach weiter! Und nach dem Krieg fort – bis zum
nächsten"[5] –, der große Staatsratsvorsitzende unseres sozialistischen Bruder-
staates, Walter Ulbricht, als er zwei Monate, bevor die Berliner Mauer hoch
gezogen wurde, beteuerte: „Niemand hat die Absicht, eine Mauer zu errich-
ten". Und Lügner, deren Lügen weniger weitreichende Folgen hatten, wie der
42. Präsident der USA Bill Clinton, der vor seiner Frau und ganz Amerika, ja
der ganzen Welt behauptete, er habe seine Praktikantin Monica Lewinsky nicht
gevögelt, obgleich er sie gevögelt hatte und das wahrscheinlich nicht nur einmal. Er hätte natürlich in der Zeit, die er mit der Verteidigung seiner Lügen
verbrachte, auch regieren können. Ob dies dann zum Nutzen Amerikas und der
Welt geschehen wäre, das muss trivialerweise unbeantwortet bleiben.

Am 18. September 1987 hatte Uwe Barschel seinen unvergessenen Auftritt. In einer im Fernsehen übertragenen Pressekonferenz gab er seine berühmte Ehrenworterklärung ab: „... gebe ich den Bürgerinnen und Bürgern des Landes Schleswig-Holstein und der gesamten deutschen Öffentlichkeit mein Ehrenwort, ich wiederhole: Ich gebe mein Ehrenwort, dass die gegen mich erhobenen Vorwürfe haltlos sind." Wir wissen nicht, warum er uns gegenüber sein Ehrenwort abgegeben hat. Das hätte er sich ersparen können, wir hätten ihm mit und ohne Ehrenwort nicht geglaubt.

Das Gottesgericht

Zwei Dinge tun, Gott und die Eltern verehren, und vier Dinge nicht tun, nicht töten, die Ehe nicht brechen, nicht stehlen, nicht lügen, und die Seele ist auf ewig gerettet. Gut, ganz so einfach ist es wahrscheinlich nicht, nur einen Gott zu haben – bei den vielen Göttern unserer Zeit, zuvorderst Geld und Besitz –, seinen Namen nicht zu missbrauchen, den Feiertag zu heiligen, seine Eltern stets zu ehren, nicht zu töten, das heißt, auch nicht mitverantwortlich zu sein für die Hungertoten und die sterbenden Kinder dieser Welt, die Ehe nicht zu brechen, nicht zu stehlen, nicht zu lügen, nicht vor Neid zu platzen und nicht scharf zu sein auf die Nächste. Aber von jedem ein bisschen wird uns ja nicht gerade ins Verderben stürzen, denken wir. Sonst käme ja so gut wie niemand davon. Es erwartet uns also für alle Zeiten unendliche Glückseligkeit, falls wir die „sechs" Gebote einhalten. Wahrscheinlich würde uns jeder Gottesdiener eines Besseren belehren und von der Bergpredigt Jesu berichten. Aber so haben sie es uns beigebracht, unsere Religionslehrer. Es könnte natürlich auch sein, dass sie nicht in der Lage waren, es uns richtig beizubringen, oder wir nicht in der Lage, sie zu verstehen. Die Zehn Gebote einhalten, das war wesentlich für ein christliches Leben, ebenso die Beichte, wenn es nicht gelungen war, die Gesetze zu befolgen, und Reue zeigen und Buße tun. Eher unwesentlich war es, etwas gegen das Leid der Welt zu tun, in Not Geratenen zu helfen, Mitleid zu leben, Flüchtlinge aufzunehmen, die Umwelt zu schützen, Tiere anständig zu behandeln und Andersgläubige und Andersdenkende und Andershandelnde, solange sie ihren Mitmenschen nicht die Köpfe einschlagen, zu respektieren.

Wie schicken voraus: Die Sache mit dem Gottesgericht ist äußerst kompliziert. Es gibt nämlich zwei Gerichte, das sogenannte Partikulargericht, auch persönliches Gericht oder Einzelgericht und das Jüngste Gericht, auch Weltgericht. Das persönliche Gericht richtet – nach römisch-katholischer Lehre und nach der Lehre der orthodoxen Kirchen – über das Schicksal der Seele nach dem Tode. Im Partikulargericht werden die guten und bösen Taten eines Menschenlebens gegeneinander aufgewogen. Im Unterschied zum Jüngsten Gericht findet die Hauptverhandlung unmittelbar nach dem Tode jedes Menschen statt und nicht erst in der Nacht ohne Morgen, dem Weltgericht, in dem über alle, die Lebenden und Toden, gerichtet wird. Beim Partikulargericht handelt es sich um Gottes Urteil ausschließlich über die Seele des Einzelnen, und es ist nicht, wie das Jüngste Gericht, zugleich mit der Auferstehung des Leibes verbunden. Die Bulle – Bezeichnung für Urkunden, die wichtige Rechtsakte des Papstes verkünden – „Benedictus Deus" Papst Benedikts XII. von 1336 über die Gottesschau der Seelen nach dem Tode führt aus, dass die Seelen derer, die in Todsünde gestorben seien, „gleich nach ihrem Tod in die Unterwelt hinabsteigen, wo sie mit den Qualen der Hölle gepeinigt werden". Okay, 1336 liegt schon beinahe 700 Jahre zurück. Aber wir sagten es schon, sie kommen von ihren Dogmen nicht los. Die, die sie verteidigen müssen, verschleiern sie gerne durch eine andere Paraphrasierung. So heißt es im Katechismus der katholischen Kirche unter Berufung auf den heiligen Irenäus, auf Papst Benedikt XII. und auf die Dokumente des Konzils von Trient: „Jeder Mensch empfängt im Moment des Todes in seiner unsterblichen Seele die ewige Vergeltung. Dies geschieht in einem besonderen Gericht, das sein Leben auf Christus bezieht – entweder durch eine Läuterung hindurch oder indem er unmittelbar in die himmlische Seligkeit eintritt oder indem er sich selbst sogleich für immer verdammt." Himmlische Seligkeit und ewige Verdammnis, das versteht man wohl noch halbwegs, zumindest kann man ahnen, was gemeint ist, wenngleich wir der Meinung sind, dass die Passage „indem er sich selbst sogleich für immer verdammt" einer pastoralen Interpretation bedarf. Aber was bedeutet um Gottes willen „durch eine Läuterung hindurch"? Sollte es sich dabei um das Fegefeuer handeln, den Vorhof zur Hölle, den sie uns als Zwischenstation ins ewige Himmelreich versprochen haben, falls wir nicht gar zu sehr auf Abwege geraten sein sollten?

Der berühmte Kirchenlehrer Thomas von Aquin (*1225, †1274) begründet das Partikulargericht in seiner Summa theologica so: Jeder Mensch sei sowohl Einzelperson als auch Teil des ganzen Menschengeschlechtes. Das ist so weit ziemlich trivial, aber die Folgerung daraus in jedem Falle noch schwachsinniger: Es gebühre ihm nämlich deshalb auch ein doppeltes Gericht. Das Einzelgericht werde nach dem Tod über ihn gesprochen, „aber nicht für den Leib, sondern nur für die Seele". Das zweite Gericht müsse „stattfinden über ihn als Teil des ganzen Menschengeschlechtes". Die Strafe werde im letzten Gericht vervollständigt, „denn nach ihm werden die Gottlosen an Leib und Seele zugleich gepeinigt". Auch in diesem Fall gilt, dass einige Jahrhunderte vergangen sind, seit der Kirchenlehrer diese Ideen in die Welt gesetzt hat. Unser Eindruck ist, dass sie unbedingt einer Revision bedürften. Denn das wird kaum noch ein Mensch mehr glauben, nicht mehr glauben können und auch nicht mehr glauben wollen. Auf diese Art und Weise gewinnen die Gottesversteher keine neuen, halbwegs aufgeklärten Seelen. Und die nehmen an Zahl zu. Das ist so sicher wie das Amen in der Kirche. Die Gottesversteher befinden sich notgedrungen auf einem permanenten Rückzug. Bedauerlich (für sie), dass sie es offenbar nicht begreifen wollen.

Aus der göttlichen Gerichtsbarkeit insgesamt erwachsen einige Komplikationen, oder, sagen wir, es entstehen Fragen, die beantwortet werden müssen. Wir haben gelernt, dass die Seelen, die in der Hauptverhandlung des Partikulargerichts zur ewigen Verdammnis verurteilt werden, unmittelbar in die Hölle überführt werden. Aber was ist mit den Seelen, denen eine Chance auf Läuterung eingeräumt wurde, und mit denen, die die ewige Glückseligkeit erlangen sollen? In den Himmel können sie schließlich noch nicht, solange nicht das endgültige Gericht geurteilt hat. Sie müssen also in einem wie auch immer gearteten Zustand bis zum jüngsten Tag verharren. Denen, die noch eine Chance haben, wird ein Platz im Purgatorium (lateinisch für Reinigungsort, geläufiger Fegefeuer) reserviert. Da wir uns vorstellen können, dass das Multiversum existiert, schlagen wir vor, ein Universum für die Verlorenen zu postulieren, eines für die, die noch auf die ewige Glückseligkeit hoffen dürfen, und eines für die, die nur noch ein wenig warten müssen, bis sie ins Himmelreich aufgenommen werden – also eines für die Hölle, eines für das Fegefeuer und eines für den Himmel. Für die vielen anderen Universen des Multiversums wird sich dann sicher auch noch eine Verwendung ergeben.

Nach islamischer Lehre erleben die Seelen die Wartezeit zwischen dem Partikulargericht und dem Jüngsten Gericht in einem schlafähnlichen Zustand. In der Rückschau wird sie jedoch als äußerst kurze Zeit wahrgenommen. Das klingt nach der Zeitdilatation der speziellen Relativitätstheorie. Die Seelen sind schließlich ohne Masse und fliegen den Photonen gleich mit Lichtgeschwindigkeit durch das Weltall. Wir schlagen vor, einen Forschungsauftrag zu vergeben.

Es fällt auf, dass in den Geschichten, die sich mit unserem Seelenheil und unserer ewigen Zukunft beschäftigen, die, denen die Schöpfungskrone noch nicht ganz zukommt, unsere nächsten Verwandten, die Primaten, und erst recht die weniger nahen, absolut keine Rolle spielen. Für sie gibt es also keine Hölle und kein Himmelreich? Wir wissen es nicht. Die Götter sagen augenscheinlich nichts dazu. Sie beschäftigen sich ausschließlich mit ihrem Ebenbild. Es ist für unsere kleinen, die letzten göttlichen Geheimnisse nicht ergründen könnenden Gehirne tatsächlich unmöglich zu fassen, was sie mit unseren tierischen Mitbewohnern nach dem Tag ohne Morgen vorhaben. Wir müssen diese Frage offen lassen. Eine aus unserer Sicht plausible Antwort wäre, sie kommen alle in den Himmel. Sie sind schließlich nicht in der Lage zu wissen, was sie tun.

Eine ganz verrückte Geschichte haben sich die Schreiber des Korans ausgedacht. Darin beschreiben sie das sinnliche Paradies, in dem die Männer mit 72 Jungfrauen verheiratet werden, die „groß gewachsene", „schwellende" oder „wie Pfirsiche geformte" Brüste haben. Im Gegenzug bekommen Frauen nur einen Mann, „und sie werden mit ihm zufrieden sein". Okay, rein mathematisch gesehen entsteht da ja wohl schon ein kleines Problem. Aber sei's drum, im Paradies wird nicht gerechnet, im Paradies wird leicht gelebt! Im Übrigen, von Frauen mit großen und schwellenden Pfirsichbrüsten hat wahrscheinlich jeder Pubertierende schon einmal geträumt und von vielen Frauen auch. 144 Pfirsichbrüste, was für eine Sause!

WELTSICHT

Die naturwissenschaftliche Deutung der Welt

Der Kosmos ist ein Produkt der physikalischen Evolution. Wir gehen davon aus, dass die Naturgesetze schon immer existieren. Sie sind in dem Sinne vergangenheitsewig, dass es keinen vergangenen Zeitpunkt gibt, vor dem sie nicht wirksam waren. Und sie sind in dem Sinne zukunftsewig, dass es keinen zukünftigen Zeitpunkt geben wird, nach dem sie nicht mehr wirksam sind. Das Universum ist auf Basis der Naturgesetze, quasi aus dem Nichts, aus den Quantenfluktuationen eines skalaren Energiefeldes entstanden. Das ist zumindest eine der Entstehungstheorien. Die Wissenschaft wird eines Tages in der Lage sein, diese Theorie zu erhärten oder zu falsifizieren und gegebenenfalls die „richtige" zu formulieren. Wenn man annimmt, dass die Naturgesetze schon immer existieren, erübrigt sich die Frage nach ihrem Schöpfer. Man kann die Naturgesetze aber auch Naturprinzip oder Gott oder Schöpfer nennen. Das hilft aber tatsächlich nicht weiter und läuft auf das Gleiche hinaus. Der Kosmos entwickelte sich auf Basis der Naturgesetze und wird sich auf Basis der Naturgesetze weiterentwickeln. Es sind unumstößliche Gesetze, die keine Macht, diesseits und jenseits dieser Welt, – wenn es denn ein Jenseits gäbe –, in der Lage wäre außer Kraft zu setzen. Das Universum, das uns hervorgebracht hat, wird zukunftsewig expandieren. Es strebt, wenn sich denn die Theorie vom heißen Urknall bestätigen sollte, dem „Kältetod" entgegen. Dass die Welt ein Multiversum sein soll und unser Universum eines von vielen, halten wir für eine im Sinne des Wortes „wunderbare" Idee. Obgleich es in absehbarer Zeit mit Sicherheit nicht möglich sein wird, diese Theorie durch Beobachtungen zu sichern, noch sie zu falsifizieren. Mancher Verteidiger einer anderen Sicht auf die Welt zieht sich auf die Frage zurück: „Warum existiert die Welt und warum ist nicht einfach nichts?" Die Frage danach, wie die Welt erschaffen wurde, gerät dabei ein wenig in den Hintergrund. Aber wie wäre es mit der Feststellung, dass es ein Nichts nicht gibt? Die Quantentheorie entlarvt jedenfalls das Nichts als ein komplexes, strukturreiches Gebilde. Es stellte sich heraus, dass es prinzipiell unmöglich ist, einen Raumbereich völlig von Teilchen zu entleeren. Nach der Heisenberg'schen Unschärferelation wird dem „Vakuum" aufgrund der Energie/Zeit-Unschärfe für sehr kurze Zeit Energie entzogen. Aus diesen Energieportionen können sich virtuelle Teilchenpaare bilden, bestehend aus Teilchen (zum Beispiel Elektronen) und zugehörigem Antiteilchen (zum Beispiel Positronen), die nach Verrinnen der kurzen Zeit wieder verschwinden (Annihilation). Das Quantenvakuum ist also bildlich gesprochen ein „ständig brodelnder See aus Teilchen und Antiteilchen", die entstehen und vergehen. Man spricht auch von Vakuumfluktuationen. Unter bestimmten Bedingungen können sich diese virtuellen Teilchen materialisieren. Dieses bisher nur theoretisch abgeleitete Phänomen folgt aus einer sogenannten semiklassischen Berechnung. Dabei wird die allgemeine Relativitätstheorie mit Erkenntnissen aus der Quantenphysik verbunden, ohne dass die Physik über eine konsistente Quantisierung des Gravitationsfeldes verfügt. Für die Kosmologie ist das Quantenvakuum von besonderem Interesse, weil sich daraus ein mikroskopisch kleines „Universum" gebildet haben könnte, das über den Mechanismus der Inflation und mit der anschließenden Hubble-Expansion zu dem wurde, was es heute ist. Das alles ist auch heute noch äußerst spekulativ. Aber immerhin, die Spekulationen fußen auf physikalischen Theorien und Berechnungen, soll heißen, sie sind nicht aus der Luft gegriffen. Die Wissenschaft wird letztlich herausfinden, wie diese Welt entstanden ist, und die Idee eines von einem übernatürlichen Wesen bewusst herbeigeführten Schöpfungsakts zurückdrängen, so wie im Laufe der bisherigen Entwicklung sämtliche mythologisch begründeten Schöpfungsakte zurückgedrängt wurden. Es bleibt sehr aufregend.

Noch ein Hinweis: Die Hypothese über die vergangenheits- und zukunftsewig geltenden Naturgesetze ist wissenschaftlich nicht belegt. Wir halten sie aber im Sinne Ockhams für die einfachste Lösung des Entstehungsproblems dieser und im Übrigen aller Welten, wenn es sie denn geben sollte. Diese Hypothese ist letztlich ein Ausdruck unseres Empfindens, man könnte auch sagen, wir *glauben*, dass die Naturgesetze vergangenheits- und zukunftsewig sind, wir wissen es nicht. Diese unsere Haltung widerspricht einmal mehr dem Slogan „Wissen statt Glauben", wie ihn sich die Giordano-Bruno-Stiftung auf ihre Fahnen geschrieben hat.

Natur und Umwelt

Unsere Biosphäre ist ein äußerst komplexes und sensibles System, das wir zu kontrollieren nicht in der Lage sind. Wir können es aber stören und aus den Fugen geraten lassen. Durch Raubbau, durch die ungebremste Abholzung der Tropenwälder, durch unkontrollierte Landnahmen und die einseitige Bewirtschaftung der so gewonnenen Landflächen, durch stetiges Bevölkerungswachstum, durch Kriege aus machtpolitischen Gründen, durch Kriege im Namen der Götter, durch Finanzwetten auf Land und Nahrung. Wir sind in der Lage, unsere Lebenswelt lebensunwert zu machen. Wir nehmen uns die Luft zum Atmen, verschmutzen und verpesten sie. Wir erzeugen Atommüll, ohne zu wissen, was mit dem noch in Tausenden von Jahren strahlenden Rest geschehen soll, wir erzeugen Plastikmüll, mit dem wir die Ozeane überschwemmen und zu Kloaken der Wegwerfgesellschaft machen, und Elektronikschrott, mit dem wir

Menschen und Umwelt vergiften. Wir treiben Unmengen vergifteten Wassers in die Erde, um sie aufzubrechen und ihr die letzten Energiereserven zu entziehen, ohne uns über die Folgen im Klaren zu sein.

Stattdessen sollte es zu unseren vornehmsten Pflichten zählen, unsere Umwelt intakt und lebenswert zu halten, soweit wir überhaupt dazu in der Lage sind. Die Natur nimmt eher keine Rücksicht auf uns Menschen. Es wird am Ende die Natur sein, die uns von diesem Planeten vertreiben wird, ob wir wollen oder nicht. Aber wir sollten diesen Prozess auch nicht mit aller Gewalt beschleunigen. Wir erinnern an eine der besonders großen Idiotien in diesem Zusammenhang: Weltweit sollen täglich, wir wiederholen täglich, also Tag für Tag, gut eine Milliarde Plastikhalme verbraucht werden, soll heißen, einen Trinkbecher lang benutzt und dann in den Müll geworfen. Um schließlich in den Flüssen und Ozeanen zu landen und dort einige hundert Jahre lang unsere Lebensgrundlagen zu vergiften. Ein wirkliches Musterbeispiel für unsere Schwarmdummheit. Wir erinnern noch einmal: Plastikhalme gehören zu den Top 10 der Abfälle, die an Stränden zu finden sind. Sie sind nicht recycelbar. Es ist tatsächlich nur ein Beispiel für unser Umweltbewusstsein, allerdings, wie wir meinen, ein Musterbeispiel. Es ist, wie schon so oft belegt: Es gehören mindestens zwei Parteien dazu. Eine, die die Produkte profitgesteuert herstellt und vertreibt, die andere, die sie gedankenlos konsumiert. Konsumgesellschaft, Verbrauchsgesellschaft ist wohl eine der treffendsten Bezeichnungen für die gedankenlos schnäppchenjagend umherirrende (vor allem) westliche Wertegesellschaft.

Das Leben

Es ist bis dato nicht geklärt, ob die Entstehung des Lebens ein extrem unwahrscheinlicher und damit ein womöglich einmaliger Prozess ist oder ob Leben unter bestimmten Bedingungen quasi zwangsläufig entsteht. Die Wissenschaft geht davon aus, dass in beiden Fällen natürliche Abläufe verantwortlich und keine Mächte aus dem Jenseits im Spiel sind.

Wenn wir von der Geschichte der Erkenntnisse lernen wollen, sollten wir bescheiden sein und annehmen, dass es an ungezählten Orten dieses und gegebenenfalls weiterer Universen Leben gibt. In welcher Form und welcher Ausprägung auch immer, aber Leben, das per definitionem in der Lage ist, sich zu reproduzieren und sich zu entwickeln. Diese Ansicht ist wissenschaftlich nicht belegt, jedenfalls noch nicht. Der Mensch bemüht sich jedoch fieberhaft darum. Es kann aber durchaus auch sein, dass die Erde als einziger Himmelskörper in dem schier unendlichen Weltraum in der Lage war und ist, Leben zu generieren. Das wäre aus unserer Sicht zwar außerordentlich unbefriedigend, würde aber eine grundsätzlich wissenschaftsbasierte Weltsicht nicht erschüttern können. Es würde allerdings bedeuten, dass das kosmologische Prinzip verletzt würde. Das kosmologische Prinzip besagt, dass das Universum auf großen Skalen (≥ 100 Mpc [Megaparsec]) homogen und isotrop ist, das heißt, es ist überall, also an jedem Ort, grundsätzlich gleich (Homogenität) und es gibt an keinem Ort eine ausgezeichnete Richtung (Isotropie). Es lässt sich zeigen, dass aus der Isotropie des Universums an jedem Ort dessen Homogenität folgt. Isotropie mit dem Beobachtungsstandort Milchstraße, also dem unseren, lässt sich zweifelsfrei beobachten. Isotropie an anderen Orten des Universums lässt sich nur postulieren und das aufgrund der Annahme, dass unsere Position, also die der Milchstraße, keine wie auch immer ausgezeichnete ist. Diese Annahme entspricht einer Erweiterung des sogenannten kopernikanischen Prinzips, dass die Welt nicht, wie seinerzeit noch allgemein angenommen, geozentrisch, sondern, wie Kopernikus zu wissen glaubte, heliozentrisch ist, die Sonne also ihr Zentrum ist und nicht die Erde. Dass diese Vorstellung, dass wir, unsere Erde, unsere Sonne, unsere Galaxie den Mittelpunkt des Universums ausmachen, ist einigermaßen vermessen. Diese Ansicht hat ihre Vertreter im Laufe der Jahrhunderte, seitdem Astronomie und Kosmologie betrieben werden, immer wieder zu Rückziehern gezwungen. Die Vorstellung vom Mittelpunkt der Welt musste mit dem Fortschritt der Wissenschaft Zug um Zug aufgegeben werden. Stattdessen hat sich das hier beschriebene Prinzip durchgesetzt. Unsere These lautet, wenn auch nicht sehr gut begründet, dass dieses Prinzip nicht nur für die unbelebte Natur, sondern auch für das Leben gilt. Es wird mit einiger Sicherheit extraterrestrisch keine Dinosaurier und keine menschenähnlichen Lebewesen geben. Insofern bleiben die Erde und der Mensch möglicherweise einmalig. Dass es aber extraterrestrisches Leben, in welcher Form auch immer, in unserem Universum gibt, ist bei der Datenlage – mehrere hundert Milliarden Sterne pro Galaxie, viele mit Planeten in ihrer Umlaufbahn, mehrere Milliarden Galaxien im beobachtbaren Universum – zumindest nicht unwahrscheinlich. Die Suche danach hat begonnen. Wir hoffen und glauben, dass bald außerirdische lebende Organismen gefunden werden. Wir hoffen, dass uns noch genug Zeit bleibt auf diesem Planeten, diese Entdeckung zu erleben.

Die Tierwelt

Tiere unterscheiden sich nur graduell, nicht grundsätzlich von uns Menschen. Sämtliche Lebewesen auf diesem Globus bestehen aus den gleichen Bausteinen. Zumindest die höher entwickelten Lebewesen verfügen über eine „Hardware", die sich prinzipiell nicht von der des Menschen unterscheidet, über

Sinnesorgane, Nervenzellen und -leitungen und ein Gehirn, das die Sinnesein-drücke verarbeitet, sortiert, bewertet und Entscheidungen trifft. Diese Mechanismen verlaufen bei Tier und Mensch völlig analog. In Abhängigkeit vom Grad der Verwandtschaft mit uns Menschen ist davon auszugehen, dass Tiere Schmerzen empfinden und Empfindungen haben, die zumindest vergleichbar sind mit unseren. Das tierische Leben ist wie das des Menschen „bloß Leben, das leben will, inmitten von Leben, das leben will" (Albert Schweitzer). Wir Menschen sollten unserer Stellung an der Spitze der biologischen Entwicklung gerecht werden und unsere Mitkreaturen so behandeln, dass sie im weitesten Sinne keine Schmerzen erleiden und ein artgerechtes Leben leben können. Wir sind nicht der Ansicht, dass wir jede Art mit aller Gewalt erhalten müssen, abgesehen davon, dass wir das auch gar nicht könnten. Wir sind notgedrungen gezwungen, zu selektieren und im Übrigen das Überleben einer Art der Natur zu überlassen, gegebenenfalls auch der fortschreitenden Zivilisation. Auch uns wird die Natur letztlich nicht verschonen. Wir wissen, die sich aufblähende Sonne wird die Erde eines Tages so weit aufgeheizt haben, dass menschliches Leben auf diesem Planeten nicht mehr möglich ist. Unserer eigenen Arterhaltung wegen müssen wir eher die anthropozentrische als die physiozentrische Position einnehmen, also eher die Wildbienen retten als die Eisbären und die Wölfe. Wenn es darauf ankommen sollte.

Die Stellung des Menschen im Kosmos

Der Mensch ist wie alle Lebewesen ein Zufallsprodukt der chemisch-biologischen Evolution, das sich in der habitablen Zone der Sonne entwickelt hat. Der Mensch ist das Lebewesen, das auf der Erde und in der gegenwärtigen Epoche die höchste Entwicklungsstufe erreicht hat. Der Geist, das Bewusst-sein, die Seele sind das Ergebnis neuronaler Prozesse im Gehirn und ohne Körper nicht möglich. Der Dualismus von Körper und Seele ist eine vom Menschen ersonnene Theorie, die wissenschaftlich widerlegt ist. Mit dem Tod sterben Körper und Seele. Die Auferstehung von den Toten und ein ewiges Leben in einer Art Paradies sind Erfindungen des Menschen.

Die Bedeutung des Menschen und seiner kosmischen Heimat oder vielmehr dessen und deren Nichtbedeutung in Relation zur Größe und zeitlichen Ent-wicklung des Universums lassen sich durch die Abbildung der tatsächlichen Größen auf bekannte und vorstellbare Weise sehr schön veranschaulichen. Besonders eindrucksvoll ist die von Schmidt-Salomon in „Keine Macht den Doofen"[9] vorgenommene Abbildung des Weltalters auf ein Erdenjahr. Der Urknall wird dabei auf den 1. Januar null Uhr gelegt. In diesem kosmischen Kalender erscheint die Spezies Mensch erst auf der Bildfläche, als das Jahr beinahe schon zu Ende ist, kurz vor Start des neuen Jahres, genauer siebeneinhalb Minuten, bevor die Glocken das neue Jahr einläuten. Die Böllerschüsse und Sirenen sind allerdings noch nicht ganz verstummt, da ist es schon vorbei mit Homo fluxus, dem vergänglichen Menschen. Es wäre tatsächlich ein Wunder, würde er die siebeneinhalb Minuten des neuen Jahres überleben. Dann hätten wir noch einmal 200.000 Jahre vor uns – das ist sehr unwahrscheinlich. Sollte er es wider Erwarten schaffen, dann ist es allerspätestens am 13. Januar endgültig vorbei. Unsere Sonne wird sich dann so weit aufgebläht haben, dass höher entwickelte Organismen, insbesondere menschliches Leben, nicht mehr existieren können. Das wird, um es zu Ende zu bringen, 500 Millionen Jahre nach unserer Zeit sein. Wenn es Homo sapiens tatsächlich gelingen sollte, noch einmal wenigstens 200.000 Jahre zu überleben, dann wäre er in unserem kosmischen Kalender gerade mal eine Viertelstunde alt geworden. Wahrlich kein Alter, aus dem man eine nennenswerte Bedeutung ableiten sollte.

Die menschliche Gesellschaft

Wir können feststellen, dass es um das menschliche Zusammenleben nicht sonderlich gut bestellt ist, weltweit zwischen den Völkern genauso wenig wie innerhalb der Völker und oft selbst innerhalb der Familien nicht. Allenthalben ist der Egoismus an der Macht. Kriegsmacher, eitle und selbstverliebte Staatenlenker, Habgierige, Betrüger, skrupellose und grausame Menschen, Kindesmisshandler, Menschenhändler, Drogenhändler, Waffenhändler, Steuerflüchtlinge und Geldhändler regieren die Welt. Dazwischen weltweit über 65 Millionen Flüchtlinge, auf der Flucht vor Krieg und Elend, auf der Flucht vor dem Versagen ihrer korrupten Eliten und Staatenlenker, auf der Flucht in eine bessere Welt für sich und ihre Kinder. Wer wollte es ihnen verwehren! Terroristen terrorisieren die Welt, vorrangig, jedenfalls zurzeit, islamistische die westliche. Aber auch innerhalb der Staaten regiert der Egoismus. Wir wissen, wir wiederholen uns: Eigentum verpflichtet den Eigentümer, den Gebrauch seines Eigentums am Wohle der Allgemeinheit auszurichten, eine soziale Verantwortung für das Gemeinwohl wahrzunehmen. Und sie kommen uns wieder in den Sinn: Steueroasen, Steuerflüchtlinge, Steuerbetrüger, leer stehende Wohnungen und Häuser, abgerissen und durch mehr Gewinn bringende Bürobauten und Luxuswohnungen ersetzt, „billige" Leiharbeiter, die Stammarbeiter ersetzen, entlassene Mitarbeiter, bis aufs Letzte ausgebeutete Mitarbeiter, unter der Menschenwürde entlohnte Mitarbeiter, Managergehälter, die in keinem irgendwie begründbaren Verhältnis zu den Einkommen der Mitarbeiter stehen, Manager, die nicht zur Verantwortung gezogen werden, wenn sie schlecht gewirtschaftet haben, zu Betriebsmitteln degradierte Mitarbeiter und Mieter, die immer weiter auseinandergehende Schere zwischen Arm und Reich. Möglicherweise haben wir die Situation überzeichnet. Es gibt schließlich auch Experten, Künstler, Wissenschaftler und Genies und auch gute Menschen. Aber es ist für uns nicht zu erkennen, dass sie das Zusammenleben der Menschen nachhaltig und zum Besseren hin beeinflusst haben. Um es mit Schmidt-Salomon zu sagen[7]: „Die entscheidende Frage wird sein, ob wir in ethischer Hinsicht dieser Entwicklung [gemeint ist hier der rasende technische Fortschritt] standhalten und verantwortungsvoll folgen können oder ob wir ihr hoffnungslos hinterherhinken, so, wie wir ihr heute schon in meilenweitem Abstand hinterherhinken. Wir verhalten uns wie Fünfjährige, denen die Verantwortung über einen Jumbojet übertragen wurde." Und an anderer Stelle schreibt er[9]: „Eines jedenfalls ist klar: Mit dem Smartphone in der Hand und der Bronzezeit im Kopf kommen wir nicht weiter! Wir brauchen zeitgemäße Ideen, die darauf angelegt sind, sich kontinuierlich weiterentwickeln zu lassen – keine unverrückbaren Dogmen, die, wie der deutsche Wissenschaftstheoretiker Hans Albert (*1921) anmerkte, gerade deshalb so gerne als ‚heilig‘ und ‚unfehlbar‘ deklariert werden, weil sie keiner kritischen Prüfung standhalten. In diesem Zusammenhang ist es auch an der Zeit, die alten kindischen Allmachtsfantasien über Bord zu werfen, die die Menschheitsgeschichte so unheilvoll bestimmt haben, und den Menschen endlich als das zu begreifen, was er schon immer gewesen ist – ein unbeabsichtigtes Produkt der kosmischen Evolution." Ja, Herr Schmidt-Salomon, wir brauchen Ideen, und dann brauchen wir Menschen, die diese Ideen verstehen, verinnerlichen und ihr Leben entsprechend ausrichten. Und die sehen wir nicht. Die Hoffnung auf den „humanen" Menschen ist uns angesichts der Welt abhanden gekommen, wenn wir sie denn überhaupt je gehegt hatten. Und wieder einmal Karlheinz Deschner[5]: „Die Welt schaut aus, dass man ihr keine Stunde voll ins Gesicht sehen kann, ohne verrückt zu werden."

Ein schönes Beispiel – wobei das Wort „schön" in diesem Kontext zweifelhaft ist – ist die Tatsache, dass die reichen Wohlstandsgesellschaften mehr Nahrungsmittel produzieren, als ihre Mitglieder in der Lage sind, zu sich zu nehmen. So werfen sie beinahe 50 Prozent davon in den Müll, während zeitgleich Hunderttausende Hunger leiden, täglich, ständig. Mit den weggeworfenen Nahrungsmitteln könnten alle Hungernden der Welt ausreichend versorgt werden. Im Übrigen haben wir die Chance, uns bei der Beantwortung jeder Frage zu entscheiden. Zu entscheiden für eine für diesen Planeten und unsere Nachkommen verantwortungsvolle oder für eine kurzlebige und egoistische Position. Das hört sich sehr pathetisch an, ändert aber nichts an der Tatsache, dass es Zeit wird, verantwortungsvoll zu handeln.

Die derzeit auf der Erde lebenden Generationen sind die ersten, die in der Lage sind, die Probleme zu erkennen, und wahrscheinlich die letzten, die in der Lage sind, gegen die Probleme etwas zu unternehmen, ob mit nachhaltigem Erfolg, sei dahingestellt. Wir sollten es wenigstens versuchen. Das sind wir unseren Kindern und Kindeskindern schuldig. Sie sollten uns nicht verfluchen müssen für unser Nichtstun.

Die metaphysische Deutung der Welt

Folgt man der Annahme, dass die Naturgesetze einfach da sind und schon immer da waren und das Universum diesen Gesetzen folgend entstanden ist, sich diesen Gesetzen folgend entwickelt hat und weiter entwickeln wird, dann ist es plausibel anzunehmen, dass dieser Entwicklung keine gerichtete Absicht zugrunde liegt. Vor allem auch nicht die Absicht eines übernatürlichen Wesens, auf einem im Vergleich zur Größe des Universums winzigen Planeten menschliches Leben entstehen zu lassen, um mit diesem einen göttlichen Plan zu realisieren. Diese Vorstellung ist, mit Verstand betrachtet, ziemlich absurd. Es sei denn, man unterstellt, dass eine alles wissende Macht weiß, was die Naturgesetze anrichten werden, sie aber nicht eingreift, weil sie nicht eingreifen will oder alles schon vorbestimmt hat. Aber das sind Legenden, die unter Ockhams Rasiermesser gehören.

Die Wünsche und Sehnsüchte einer vergänglichen, nicht sonderlich friedfertigen Spezies auf einem winzigen Planeten in einem unvorstellbar riesigen Universum sind mit Sicherheit kein Indiz für das, was tatsächlich ist.

Gottes Allgüte lässt das Leid der Welt nicht zu und seine Allmächtigkeit versetzt ihn in die Lage, es zu verhindern. Und dennoch ist es allgegenwärtig existent. Es scheint etwas schiefzulaufen mit dieser Konfiguration. Es gibt nur eine Lösung dieses Problems, die ohne zusätzliche Annahmen, ohne weitere Legenden, ohne verschlungene Pfade und geistige Verrenkungen auskommt, das ist die Verneinung der Existenz eines allgütigen und gleichzeitig allmächtigen Gottes.

Die Menschheit hat in den letzten beiden Jahrhunderten enorme Wissensfortschritte erzielt, quantitativ und qualitativ größere Fortschritte als in ihrer 200.000 Jahre alten Geschichte zusammengenommen. Diese Wissensfortschritte führten zu Erkenntnissen, die in einem diametralen Verhältnis zu überkommenen Traditionen und überkommenem Denken stehen. Die dadurch erlittenen „Verluste" sind tatsächlich Kränkungen der menschlichen Spezies, die diese offensichtlich noch nicht ganz verkraftet hat. Wir entnehmen eine Liste dieser Kränkungen, auf deren erste drei schon Sigmund Freud aufmerksam gemacht haben soll, dem „Manifest des evolutionären Humanismus" von

Michael Schmidt-Salomon[7]:

o   „die kopernikanische Kränkung: Die Erde und der Mensch sind nicht der Mittelpunkt der Welt.

o   die darwinsche Kränkung: Der Mensch ist ein zufälliges Produkt der chemisch-biologischen Evolution.

o   die tiefenpsychologische Kränkung: Der Mensch wird vom Unbewussten gesteuert.

o   die verhaltensbiologische (ethologische) Kränkung: Der Mensch gehört nicht nur zur Familie der Primaten, er verhält sich auch so.

o   die erkenntnistheoretische (epistemologische) Kränkung: Der Mensch ist wie alle Lebewesen nur mit einem beschränkten Erkenntnisvermögen ausgestattet.

o   die soziobiologische Kränkung: Das menschliche Leben beruht wie alles Leben auf Eigennutz.

o   die ökologische Kränkung: Der Mensch ist abhängig von einer komplex strukturierten Biosphäre, die er weder durchschaut noch kontrollieren kann.

o   die kulturrelativistische Kränkung: Die menschlichen Ideen, Ideale, Religionen und Künste sind abhängig vom historischen Entwicklungsstand und keineswegs zeitlos.

o   die kosmologisch-endzeitliche (eschatologische) Kränkung: Das menschliche und alles sonstige Leben ist ein zeitlich begrenztes Phänomen in einem Universum, das wahrscheinlich unaufhaltsam dem Kältetod zustrebt.

o   die paläontologische Kränkung: Der Mensch trat nur im letzten winzigen Moment der bisherigen planetaren Zeit auf und wird, wie jede ausgestorbene Spezies vor ihm, irgendwann aussterben.

o   die evolutionäre Kränkung: Die Evolution unterliegt keinem Trend zum Besseren, sie ist fortschrittsblind.

o   die neurobiologische Kränkung: Das menschliche „Ich" ist ein Produkt unbewusster neuronaler Prozesse."

Kränkungen waren diese Erkenntnisse – wenngleich sie auch nicht allesamt vorbehaltlos als richtig anerkannt sind –, weil sie alte Legenden verworfen haben, nämlich

o   dass Gott die Welt erschaffen hat,
o   dass Gott den Menschen erschaffen hat,
o   dass der Mensch Herr seines Selbst ist,
o   dass der Mensch sich von allen anderen Lebewesen dieses Planeten
o   grundlegend unterscheidet,

- dass der Mensch das Ebenbild Gottes ist,
- dass der Mensch von Hause aus gut ist,
- dass sich der Mensch die Erde untertan machen soll und kann,
- dass die religiösen Offenbarungen zeitlos sind,
- dass Mensch und Erde keine lokalen und zeitlich begrenzten Phänomene dieses Universums sind,
- dass es ein ewiges Leben gibt und der Mensch nicht aussterben wird,
- dass sich alles zum Guten wendet und der Mensch „erlöst" wird,
- dass Seele und Körper des Menschen völlig unterschiedliche Dinge sind.

Der Glaube an den Plan eines übernatürlichen Wesens, das den Menschen nach seinem Ebenbild erschaffen hat, wirkt im Angesichte der oben vorgebrachten Fakten wie ein Märchen aus längst vergangener Zeit. Sich das bewusst zu machen tut tatsächlich beinahe körperlich weh. Aber es hilft nichts. Wir sollten der Wahrheit ins Auge sehen und Mythen und Märchen Mythen und Märchen sein lassen. Es bleibt uns keine Wahl. Alles andere ist Selbstbetrug.

Religionen und Götter

Religionen und Götter sind Erfindungen des Menschen. Sie sind abhängig von der Kultur- und Entwicklungsstufe und absolut nicht zeitlos. Der Mensch hat die Götter nach seinem Ebenbild erschaffen und nicht Gott den Menschen nach seinem. Hätte Gott uns Menschen nach seinem Ebenbilde erschaffen, wäre es ziemlich schlecht bestellt um ihn. Er könnte tatsächlich nicht stolz sein auf die Erschaffung einer wenig friedvollen Spezies, die die eigenen Kinder verhungern lässt, obgleich sie intellektuell dazu in der Lage wäre, den sieben Milliarden Artgenossen ein halbwegs erträgliches Dasein zu ermöglichen. Um es mit Ludwig Feuerbach (deutscher Philosoph, *1804; †1872) zu sagen: „Theologie ist Anthropologie". Es gibt kein Leben nach dem Tod. Es gibt weder Bestrafung noch Belohnung für zu Lebzeiten begangene oder unterlassene Taten, keine Engel und keine Jungfrauen im Himmel, für die zu sehen es sich lohnen könnte, zu sterben oder Mitmenschen die Köpfe einzuschlagen. Es gibt in diesem Sinne keine höhere Gerechtigkeit. Für Gerechtigkeit unter den Menschen sind wir Menschen ganz alleine zuständig und verantwortlich.

Der Sinn des Lebens

Dem Leben auf diesem Planeten liegt kein Plan eines nicht von dieser Welt stammenden Wesens zugrunde. Es gibt keinen übergeordneten Sinn des Lebens. „Der Sinn des Lebens ist das, was wir dafür halten", sagt Stephen Hawking. Das menschliche Leben auf der Erde ist tatsächlich im wahrsten Sinne des Wortes zwecklos. Welchen Zweck sollte es auch haben? Es wird vergehen, wie alles bisher Dagewesene vergangen ist. Dass der Mensch mit den krudesten Ideen und geradezu verzweifelt nach einem übergeordneten Zweck seines Daseins gräbt, muss mit einem tief in seinem Inneren verankerten Bedürfnis zusammenhängen. Wir fragen noch einmal: Warum möchte der Mensch um Himmels willen dem Mythos nachgehen, dass sein Leben auf dem winzigen Planeten Erde, der sich um einen relativ kleinen Stern dreht, der einer von einigen Trilliarden im von uns beobachtbaren Universum ist, dass dieses Leben also in den Dienst einer übergeordneten Sache gestellt sein soll? Wir denken, die Bedürfnisse einer wenig friedvollen Kreatur auf einem Staubkorn in einem unermesslich großen Universum sind nicht maßgebend für das, was wirklich ist. Das glauben wir, oder besser, das nehmen wir an. Wir sind uns unserer Sache in dem Sinne nicht sicher, dass wir nicht bereit wären, uns jederzeit durch bessere Argumente überzeugen zu lassen. Wir sind keine Fundamentalisten und wären auch nicht bereit, zur Verteidigung oder Durchsetzung unserer Annahmen in einen „heiligen" Krieg zu ziehen. Wir würden auch niemandem, der anderer Meinung oder anderen Glaubens ist, den Kopf einschlagen oder die Kehle durchschneiden wollen.

Wie soll der Mensch leben?

Das letzte Fünkchen Hoffnung liegt darin, dass sich der Mensch doch noch zum „humanen" Menschen entwickelt. Aber das wird, so wie es aussieht, sehr große Zeiträume in Anspruch nehmen, Zeiträume nach Maßstäben der Evolution, eben evolutionäre Zeiträume. Der evolutionär sich entwickelnde Humanismus wird also noch eine sehr lange Zeit auf sich warten lassen, bis er halbwegs entwickelt sein wird. Die Zeit, die der Menschheit noch bleibt auf diesem Planeten, wird nicht ausreichen, um dies zu erleben. Das ist zumindest unsere Prognose. Diese unsere Ansicht ist aber, zugegeben, wissenschaftlich nicht einmal ansatzweise belegt. „Wie auch!", möchten wir ausrufen. Und deshalb: Wenn es auch nicht in ganzer Schönheit gelingen mag, versuchen müssen wir es dennoch. Es bleibt uns keine Wahl. Und wir glauben, dass jeder Einzelne von uns dazu beitragen kann. Und wenn es nur in unserer unmittelbaren Umgebung ist, in der wir „menschlich", nun im normativen Sinne, leben und „Menschlichkeit" vorleben, mit allen wahrscheinlichen Verfehlungen und Rückschlägen.

Wir sind, wir zitierten es bereits, bloß „Leben, das leben will, inmitten von Leben, das leben will": Aus dieser Aussage von Albert Schweitzer lassen sich grundsätzliche Verhaltensweisen ableiten, an denen sich menschliches Leben orientieren kann. Diese sind geprägt von Achtung und Respekt gegenüber den

Mitmenschen und allen Mitkreaturen auf diesem höchst zerbrechlichen Planeten. Aus dem bisher Geschriebenen ergeben sich Regeln wie von selbst: So stünde es uns, vermeintlich an der vorläufigen Spitze der Evolution angekommen, gut zu Gesicht, wenn wir dazu beitrügen, das Leid der Welt zu mindern. Wir unsere Mitmenschen respektieren, ihnen kein Leid zufügen, sie fair behandeln, sie nicht betrügen, sie nicht belügen und sie nicht bestehlen würden. Unsere tierischen Mitkreaturen respektieren, sie fair behandeln, sie nicht verletzen und sie nicht quälen würden. Wir dazu beitrügen, dass Natur und Umwelt als Lebensgrundlage aller Lebewesen auf diesem Planeten keinen Schaden nehmen und wir sie nicht verschmutzen und nicht zerstören würden.

Oder wenn wir, zusammengefasst, nach folgenden Leitlinien leben würden, wie sie sich aus den bisher Geschriebenen ergeben – es handelt sich um die „alternativen Zehn Gebote", wie sie der Religionskritiker Ebon Musing 2011 formuliert hat:

1. Was du nicht willst, dass man dir tu', das füg' auch keinem andern zu.
2. Strebe immer danach, keinen Schaden anzurichten.
3. Behandle deine Mitmenschen, andere Lebewesen und die Welt im Allgemeinen mit Liebe, Ehrlichkeit, Zuverlässigkeit und Respekt.
4. Sieh über Böses nicht hinweg und scheue dich nicht, Gerechtigkeit walten zu lassen, aber sei immer bereit, schlechte Taten zu verzeihen, wenn sie freimütig eingestanden und ehrlich bereut werden.
5. Führe dein Leben mit einem Gefühl von Freude und Staunen.
6. Strebe stets danach, Neues zu lernen.
7. Stelle alles auf den Prüfstand; miss deine Ideen immer an den Tatsachen und sei bereit, auch lieb gewordene Überzeugungen über Bord zu werfen, wenn sie sich nicht mit der Wirklichkeit vereinbaren lassen.
8. Versuche nie, zu zensieren oder dich von Meinungsverschiedenheiten abzukapseln; respektiere immer das Recht der anderen, anderer Meinung zu sein als du.
9. Bilde dir aufgrund deiner eigenen Vernunft und Erfahrung eine unabhängige Meinung; lass dich nicht blind von anderen führen.
10. Stelle alles infrage.

Für diese Verhaltensregeln bedarf es keiner übernatürlichen Eingebung vom Berge Sinai. Sie ergeben sich spätestens dann, wenn wir unseren Verstand einsetzen. Und wir benötigen auch keine nicht von dieser Welt stammende höhere Gerichtsbarkeit zu ihrer Durchsetzung, weder die Androhung von Höllenqualen noch die Aussicht auf himmlische Freuden. Allerdings tatsächlich nur dann, wenn wir unseren Verstand einsetzen. Dass wir endlich dazu kommen sollten, unseren kollektiven Verstand zu schärfen und auch einzusetzen, ist im Übrigen unsere einzige Überlebenschance.

Wir zitieren noch einmal Karlheinz Deschner[5]: „Warum also nicht alles metaphysische Gemunkel preisgeben, jeden religiösen und nicht religiösen Absolutheitsanspruch, jede religiöse und nicht religiöse Intoleranz? Warum nicht friedlich und freundlich werden, zum Wissen erziehen, soweit man wissen kann, und zur Liebe – in einem kurzen Leben auf einer änigmatischen Welt?"

LITERATURVERZEICHNIS

1: Becker, Klaus: Weltsicht. Über den Kosmos, die Natur und das Leben, über Tiere, Menschen und Götter. Norderstedt: BoD 2018, ISBN 978-3-7528-3885-5 (in Vorbereitung).

2: Becker, Klaus: Modell Universum. Wie Kosmologen unser Universum modellieren. Norderstedt: BoD 2016, ISBN 978-3-7431-4337-1.

3: Becker, Klaus: Ein Weltbild ohne Legenden. Ein Plädoyer für ein realistisches Weltbild. Norderstedt: Books on Demand 2013, ISBN 978-3-7322-8582-2.

4: Becker, Klaus: Herbstübungen. Blut aus allen Körperöffnungen. Norderstedt: BoD 2014, ISBN 978-3-7357-5648-0.

5: Deschner, Karlheinz: Mörder machen Geschichte. Aphorismen, Basel: Lonos 2003, ISBN 3-85787-341-8.

6: Deschner, Karlheinz: Bissige Aphorismen. Reinbek: Rowohlt 1994, ISBN 3-499-22061-X.

7: Deschner, Karlheinz: Ärgernisse. Aphorismen. Reinbek: Rowohlt 1994, ISBN 978-3-49-801301-1.

8: Deschner, Karlheinz: Nur Lebendiges schwimmt gegen den Strom. Aphorismen. Basel: Lenos 1985, ISBN 3-85787-647-6.

9: Deschner, Karlheinz: Auf hohlen Köpfen ist gut trommeln. Alte und neue Aphorismen – eine Auswahl letzter Hand. Hrsg. von Gabriele Röwer. Basel: Lenos 2016, ISBN 978-3-85787-474-1.

10: Fieguth, Gerhard: Deutsche Aphorismen, Ditzingen: Reclam 2008, ISBN 978-3-15-009889-9.

11: Schmidt-Salomon, Michael: Manifest des evolutionären Humanismus. Plädoyer für eine zeitgemäße Leitkultur. Aschaffenburg: Alibri 2006, ISBN 3-86569-011-4.

12: Schmidt-Salomon, Michael: Keine Macht den Doofen. Eine Streitschrift. München: Piper, ISBN 978-3-492-95579-9.

13: Schmidt-Salomon, Michael: Hoffnung Mensch. Eine bessere Welt ist möglich. München: Piper 2014, ISBN 978-3-492-05608-3.